Berger Jean-Pierre MPO

Le mariage selon Dieu :

Un enseignement biblique sur l'amour et l'alliance conjugale

Une image vivante de l'amour du Christ

Editions Les Amis de la Parole
2025

Dépôt légal: AQ 3.02508 – 57 428
Kinshasa RDC ® 2025

Pour tout contact: (+243) 994 198 152
(+33) 6 83 51 30 66

Dédicace

A tous les couples qui désirent honorer Dieu dans leur union.

A ceux qui cherchent la vérité, la restauration et la paix dans leur foyer.

A ma famille, source d'amour et de témoignage vivant,

Je dédie cet ouvrage.

Remerciements et témoignage personnel

En écrivant ce livre, mon désir a été d'obéir à l'appel que j'ai reçu dans mon cœur : exhorter, enseigner et encourager les couples à vivre le mariage tel que Dieu l'a voulu dès le commencement.

Ce projet est né de la prière, nourri par l'étude des Écritures, et façonné par mon propre cheminement conjugal, avec ses joies, ses défis, ses échecs, mais aussi ses profondes guérisons.

Je rends d'abord grâce à Dieu, l'auteur du mariage, qui m'a permis de vivre ce processus, et de puiser dans Sa grâce pour transmettre ce qu'Il m'a appris.

Je remercie mon épouse, Micheline MPOYI, pour sa patience, son amour, son soutien constant, et pour être chaque jour un partenaire de vie, de foi et de croissance.

Je remercie nos enfants, notre descendance présente et à venir, qui ont fait que j'aie un poids, en mon cœur, d'être un témoin vivant de la Parole de Christ.

Je pense aussi à toutes les personnes, couples et divers serviteurs que Dieu a mis sur mon chemin, qui ont inspiré, corrigé et enrichi ma compréhension du mariage selon le cœur de Dieu.

Enfin, je veux dire à chaque lecteur : ce livre n'est pas une parole d'expert, mais le cri du cœur d'un serviteur de Dieu qui croit que rien n'est impossible à celui qui place son mariage entre les mains du Seigneur.

Si une seule personne retrouve l'espérance, si un couple est restauré, si un jeune entre dans le mariage avec une vision plus claire et plus sainte, alors ce travail n'aura pas été vain.

A Dieu seul revienne toute la gloire, maintenant et à jamais.

Berger Jean-Pierre MPOYI

Note au lecteur

Dans la rédaction de ce livre, ma référence principale, voire exclusive dans bien des chapitres, a été la Bible, que je reconnais comme la Parole inspirée de Dieu, suffisante et pleinement autoritaire en matière de foi et de conduite. C'est dans l'Écriture que j'ai puisé l'essentiel de mes convictions et des enseignements présentés ici. Toutefois, bien que la consultation d'ouvrages complémentaires n'ait pas été une préoccupation centrale, j'ai trouvé utile de mentionner quelques ressources chrétiennes qui, par leur clarté ou leur profondeur, peuvent enrichir la compréhension de certains aspects du mariage selon Dieu. Ces lectures sont proposées à titre indicatif, pour celles et ceux qui souhaitent approfondir leur réflexion.

Voici une bibliographie indicative :

1. Timothy Keller et Kathy Keller – Le mariage, tel que Dieu l'a conçu. (Éditions Clé).

   Un excellent ouvrage pour comprendre les fondements théologiques et pratiques du mariage chrétien, dans une approche équilibrée entre vérité biblique et réalité du couple moderne.

2. Gary Chapman – Les langages de l'amour (Éditions Farel)

   Utile pour comprendre les différences dans la manière dont les conjoints perçoivent et expriment l'amour, avec des principes pratiques pour nourrir la relation.

3. Emerson Eggerichs – L'amour et le respect (Éditions BLF).

Montre l'importance de la dynamique « amour et respect » dans la relation conjugale, selon Ephésiens 5.

4. Romuald Takalé N'Goumba – Le mariage est-il d'origine biblique ? (Éditions L'Harmattan, 2022)

Une réflexion pastorale et biblique sur les origines et les éléments parfois importés dans le rituel matrimonial chrétien.

Préface

Le mariage est l'une des institutions les plus anciennes et les plus sacrées établies par Dieu Lui-même dès les origines de l'humanité. Mais c'est aussi un mystère dont Dieu connait les secrets de la réussite. Dans un monde en constante mutation, où les repères se brouillent et les fondements vacillent, il devient impératif de revenir à la source, à la Parole de Dieu, pour redécouvrir le véritable sens, les objectifs et les responsabilités liés à cette alliance divine.

Ce livre, « Le mariage selon Dieu », est né d'un fardeau que le Seigneur a mis sur le cœur de l'auteur : celui d'enseigner, d'exhorter et d'éclairer les hommes et les femmes, jeunes et moins jeunes, sur ce que Dieu attend du mariage. Trop de foyers souffrent aujourd'hui parce qu'ils ont été bâtis sur des fondations humaines, culturelles ou émotionnelles, plutôt que sur la volonté divine. Il est temps de reconstruire selon le modèle du Créateur.

Dans les pages qui suivent, l'auteur explore les fondements bibliques du mariage, ses objectifs selon Dieu, les rôles et responsabilités de chaque conjoint, ainsi que les défis contemporains auxquels les couples doivent faire face. Avec cet ouvrage chaque lecteur sera équipé des notions essentielles sur le mariage mais aussi il sera potentiellement capable de vivre un mariage basé sur les principes bibliques ou le mariage selon Dieu.

Ce livre s'adresse à tous : aux célibataires en quête de discernement, aux fiancés en cheminement, aux couples mariés en quête de renouveau, et même aux responsables spirituels chargés d'accompagner les familles. Ce manuel est un véritable outil pratique pour la réussite dans le mariage.

Chaque chapitre est nourri de références bibliques, enrichi de réflexions pastorales et parfois illustré de témoignages vécus, pour rendre l'enseignement à la fois accessible, pratique et profondément transformateur.

Mon humble prière est que ce livre serve effectivement d'outil pour préparer au mariage selon Dieu et bâtir un foyer solide. C'est aussi un outil pour guérir, fortifier, instruire et inspirer.

Que chaque lecteur y trouve une lumière nouvelle, une direction claire et un encouragement sincère pour bâtir ou rebâtir un mariage selon le cœur de Dieu.

A Lui seul soit la gloire !

Kinshasa, Le 23 juin 2025

Frédéric Kazadi Nsole M

Serviteur de Dieu

Pasteur de l'Eglise Cité Jérusalem – Ambassade de Christ

Introduction générale

Le mariage est l'une des institutions les plus anciennes et les plus universelles de l'humanité. Présent dans toutes les cultures et toutes les époques, il incarne avant tout une union profonde entre deux personnes de sexes masculin et féminin. Mais au-delà des aspects sociaux, culturels ou légaux, le mariage revêt une dimension spirituelle essentielle, surtout pour ceux qui souhaitent bâtir leur vie conjugale selon les principes divins.

Dans ce livre, "Le mariage selon Dieu", nous explorerons le mariage à travers le prisme de la foi chrétienne, en nous appuyant sur les enseignements bibliques et les valeurs spirituelles qui en découlent. L'objectif est de soutenir et guider ceux qui désirent vivre leur mariage non seulement comme une relation humaine, mais surtout comme une alliance sacrée, placée sous la protection et la bénédiction de Dieu.

Nous verrons ensemble ce que signifie réellement s'unir "selon Dieu", quels sont les buts et les fondements que le Créateur a donnés au mariage, ainsi que les défis auxquels chaque couple peut être confronté. Nous découvrirons aussi comment la prière, la foi et l'amour inconditionnel peuvent transformer une relation conjugale en un témoignage vivant de la grâce divine.

Le mariage est une aventure unique et universelle, une union qui traverse les siècles, les cultures et les frontières. Depuis la nuit des temps, l'homme et la femme sont appelés à s'unir, à partager une vie commune faite d'amour, de défis, de joies et parfois de difficultés. Mais si le mariage est une réalité sociale et culturelle, il est avant tout une institution divine, créée et voulue par Dieu lui-même.

Dans la Bible, le mariage est présenté comme une alliance sacrée, un engagement profond qui va bien au-delà d'un simple contrat légal ou d'une cohabitation. Il s'agit d'une union spirituelle, physique et émotionnelle qui reflète l'amour fidèle, inconditionnel et éternel de Dieu pour son peuple. Lorsque le mariage est vécu selon les principes divins, il devient une source de bénédiction, de croissance personnelle et mutuelle, ainsi qu'un témoignage vivant de la présence de Dieu dans la vie quotidienne.

Cependant, le mariage selon Dieu n'est pas toujours facile à comprendre ni à appliquer. La société moderne propose de nombreuses visions du mariage, parfois en contradiction avec les valeurs chrétiennes. Les blessures, les échecs relationnels, les pressions extérieures et les incompréhensions peuvent obscurcir ce beau projet divin. C'est pourquoi il est essentiel de revenir aux racines bibliques et spirituelles du mariage pour en saisir toute la vérité et la richesse.

Ce livre a pour but d'accompagner chaque lecteur sur ce chemin, qu'il soit fiancé, marié depuis peu, ou dans une longue relation. Nous y découvrirons ensemble le fondement biblique du mariage, ses objectifs selon Dieu, les qualités et attitudes à cultiver pour le faire durer et le faire grandir, ainsi que les moyens spirituels dont dispose chaque couple pour surmonter les défis qu'il rencontrera.

Le mariage selon Dieu, c'est bien plus qu'un engagement humain : c'est un appel à vivre une relation d'amour sincère, fidèle et généreuse, enracinée dans la foi et portée par la prière. C'est un sanctuaire où chacun peut grandir dans la paix intérieure, le respect mutuel, et la joie de construire une vie commune sous le regard du Seigneur.

En prenant le temps de méditer ces enseignements et de les mettre en pratique, vous pourrez non seulement fortifier votre couple, mais aussi rendre témoignage de la puissance transformatrice de l'amour divin. Que ce livre soit pour vous une source d'inspiration, de sagesse, mais aussi d'espérance, pour bâtir un mariage selon Dieu, solide, heureux et durable.

Les mêmes versets bibliques reviendront dans différents points du livre. Cela ne peut pas être troublant, car il ne s'agit pas d'un travail de démonstration scientifique, mais d'un enseignement thématique, dont la source exclusive est la Parole du Christ. Et cela fait la richesse des points exposés, à la lumière de saintes écritures.

Le contenu de ce livre n'a pas la prétention de complétude, étant précisé que la plénitude de connaissance relève de l'Esprit de Dieu, dans la mesure où « Car nous connaissons en partie, et nous prophétisons en partie. » (1 Corinthiens 13 : 9)

Restez bénis et branchés au Saint-Esprit. (RBBS)

Chapitre 1 : Le mariage dans la Bible

Le mariage trouve ses racines les plus anciennes et fondamentales dans la Bible, Livre sacré pour les chrétiens. Comprendre le mariage selon Dieu commence donc par un retour aux Écritures, où Dieu lui-même a instauré cette union avec un dessein précis.

Dans le livre de la Genèse, chapitre 2, versets 18 à 25, nous lisons le récit de la création de l'homme et de la femme. Dieu dit : « Il n'est pas bon que l'homme soit seul ; je lui ferai une aide semblable à lui ». Puis il façonne la femme à partir de la côte de l'homme, symbole d'égalité et de complémentarité. Ensuite, il déclare : « C'est pourquoi l'homme quittera son père et sa mère, et s'attachera à sa femme, et ils deviendront une seule chair. » Ce passage montre que le mariage est un projet divin, une union destinée à créer une communion profonde entre deux êtres.

Dans la Bible, le mariage est aussi une alliance. Cette alliance n'est pas seulement entre deux personnes, mais elle engage aussi Dieu lui-même. Dans l'Ancien Testament, cette alliance est souvent comparée à celle que Dieu fait avec son peuple, une alliance de fidélité, de respect et d'amour durable. Le mariage est donc une image vivante de cette alliance divine.

Des exemples bibliques permettent de voir comment le mariage peut être source de bénédiction, mais aussi mettre en lumière les conséquences lorsque ses principes sont négligés. Le couple d'Adam et Ève incarne une union parfaite au départ, mais leur désobéissance entraîne des difficultés. Le mariage de Ruth et Booz illustre la fidélité, la protection et la grâce. Dans le Nouveau Testament, Jésus parle du mariage comme d'une union sacrée et indissoluble, rappelant aux époux leur engagement devant Dieu.

Ainsi, s'appuyer sur la Bible, c'est se reconnecter à l'essentiel : le mariage selon Dieu est une relation d'amour, de respect et d'engagement, fondée sur une alliance spirituelle qui dépasse le temps et les circonstances.

Section 1 : Le mariage, une institution divine

Le mariage n'est pas une invention humaine, ni une construction sociale née de la culture ou de la nécessité. Il est, à la base, une institution divine. Dieu en est l'auteur, l'architecte et le fondement. Comprendre cela est essentiel pour vivre le mariage selon la pensée de Dieu. Lorsqu'on perçoit le mariage comme un simple contrat entre deux individus, on le réduit à une affaire humaine, sujette aux caprices du temps et des émotions. Mais lorsqu'on le voit comme une alliance instituée par Dieu, on en saisit la profondeur, la sainteté et la responsabilité qu'il implique.

1.1. Le mariage institué dès la création

La première fois que le mariage apparaît dans la Bible, c'est dans le récit de la création. En Genèse 2.18, il est écrit :

> « *L'Éternel Dieu dit : Il n'est pas bon que l'homme soit seul ; je lui ferai une aide semblable à lui.* »

Ici, Dieu Lui-même reconnaît un besoin fondamental chez l'homme : la communion. L'homme, bien qu'en relation avec Dieu et entouré de la création, était incomplet sans la femme. Dieu crée donc la femme à partir de l'homme et les unit dans une relation d'alliance, comme nous le lisons dans Genèse 2.24 :

> « *C'est pourquoi l'homme quittera son père et sa mère, s'attachera à sa femme, et ils deviendront une seule chair.* »

Ce passage fondateur établit plusieurs vérités importantes :

- Le mariage vient de Dieu.
- Il unit un homme et une femme dans une relation exclusive et permanente.
- Il crée une unité nouvelle : « une seule chair ».

Ce n'est ni Adam ni Ève qui ont imaginé cette union. C'est Dieu qui l'a voulue, pensée et réalisée. C'est pourquoi le mariage est une institution divine.

1.2. Jésus confirme l'origine divine du mariage

Des siècles plus tard, Jésus Lui-même confirme cette vérité dans le Nouveau Testament. Interrogé sur le divorce, Il ramène ses auditeurs à la Genèse :

> « *N'avez-vous pas lu que le Créateur, au commencement, fit l'homme et la femme et dit : C'est pourquoi l'homme quittera son père et sa mère, et s'attachera à sa femme, et les deux deviendront une seule chair ? Ainsi, ils ne sont*

> *plus deux, mais une seule chair. Que l'homme donc ne sépare pas ce que Dieu a joint.* » (Matthieu 19 : 4-6)

Le Seigneur ne présente pas le mariage comme un arrangement humain, mais comme une œuvre de Dieu. Il affirme que Dieu a joint l'homme et la femme, soulignant encore une fois la nature sacrée et divine de cette union.

1.3. Le mariage, reflet de la relation entre Christ et l'Église

Le caractère divin du mariage se manifeste aussi dans le fait qu'il reflète une réalité spirituelle supérieure. L'apôtre Paul enseigne en Éphésiens 5 : 31-32 :

> « *C'est pourquoi l'homme quittera son père et sa mère, et s'attachera à sa femme, et les deux deviendront une seule chair. Ce mystère est grand ; je dis cela par rapport à Christ et à l'Église.* »

Ainsi, le mariage terrestre est l'image de l'union spirituelle entre Jésus-Christ et son Église. Le mari est appelé à aimer sa femme comme Christ a aimé l'Église, c'est-à-dire avec sacrifice, tendresse et fidélité. La femme est appelée à honorer et respecter son mari comme l'Église honore le Seigneur. Cette dimension spirituelle démontre encore que le mariage dépasse le cadre purement humain : il porte en lui une révélation divine.

1.4. Conséquences pratiques

Reconnaître le mariage comme une institution divine à plusieurs implications concrètes pour les croyants :

- Le respect du mariage : On ne banalise pas ce que Dieu a établi. Le mariage mérite respect, préparation, et engagement sérieux.
- La recherche de la volonté de Dieu : Puisque Dieu est l'auteur du mariage, il est logique de chercher sa direction avant de s'y engager.
- La sanctification dans le mariage : Le mariage devient un lieu de croissance spirituelle, où l'on apprend à aimer, pardonner, servir, et refléter Christ.
- La persévérance dans les difficultés : Sachant que Dieu est à l'origine de notre union, nous cherchons en Lui la force de traverser les épreuves, au lieu d'abandonner au premier obstacle.

> *Retenons, fermement, que le mariage n'est pas une mode passagère ni une invention culturelle. Il est un don de Dieu à l'humanité, une institution sacrée voulue par le Créateur dès les origines. Le redécouvrir comme tel nous pousse à l'honorer, à le vivre dans la foi, et à en transmettre la vision juste aux générations futures. Dans un monde qui dénature et dévalorise souvent le mariage, le croyant est appelé à le vivre comme Dieu l'a voulu, pour sa gloire.*

Section 2 : Les caractéristiques du mariage selon Dieu

Le mariage institué par Dieu n'est pas une invention humaine. Il est une alliance sacrée, un don divin, une institution chargée de significations profondes. Pour mieux comprendre la pensée de Dieu sur le mariage, il est important de discerner ses caractéristiques essentielles. Voici les principales :

2.1. Le mariage selon Dieu est une alliance sacrée

Le mariage n'est pas simplement un contrat social ou une union sentimentale. Selon la Parole de Dieu, il s'agit d'une alliance (Malachie 2 : 14) :

> « ... *Parce que l'Éternel a été témoin entre toi et la femme de ta jeunesse, à laquelle tu es infidèle, bien qu'elle soit ta compagne et la femme de ton alliance.* »

Cette alliance est conclue devant Dieu, avec Dieu, et sous Son regard. Elle engage non seulement deux époux, mais aussi le Créateur. C'est pourquoi le mariage chrétien ne doit jamais être pris à la légère. Il implique une fidélité durable, un engagement total, et un respect mutuel soutenu par la grâce divine.

2.2. Le mariage selon Dieu est monogame

Dès l'origine, Dieu a créé un homme et une femme (Genèse 2 : 24) :

> « *C'est pourquoi l'homme quittera son père et sa mère, s'attachera à sa femme, et ils deviendront une seule chair.* »

La volonté de Dieu est claire : un seul homme pour une seule femme. La polygamie, bien que présente dans certains récits bibliques, ne représente jamais l'idéal divin. Jésus a confirmé ce principe dans Matthieu 19 : 4-6, en revenant au modèle originel.

Le mariage selon Dieu est donc une relation exclusive et fidèle entre deux personnes, appelées à ne faire qu'un.

2.3. Le mariage selon Dieu est indissoluble

Le mariage chrétien est appelé à durer jusqu'à la mort. Jésus déclare :

> « *Que l'homme donc ne sépare pas ce que Dieu a uni* » (Matthieu 19 : 6).

Cette indissolubilité ne signifie pas qu'il n'y aura pas de défis, de conflits ou de tensions. Mais cela appelle les époux à persévérer, à pardonner, à se relever ensemble. L'amour véritable est patient, il endure tout (1 Corinthiens 13 : 7). Le mariage selon Dieu ne se défait pas à la moindre difficulté ; il s'appuie sur la puissance de la grâce pour triompher des tempêtes.

2.4. Le mariage selon Dieu est fondé sur l'amour et le respect mutuel

L'apôtre Paul enseigne :

> « *Maris, aimez vos femmes comme Christ a aimé l'Église… Femmes, respectez vos maris.* » (Ephésiens 5 : 25, 33)

Le mariage selon Dieu est *une école d'amour*. Le mari est appelé à aimer sa femme de manière sacrificielle, comme Christ a donné sa vie pour l'Église. La femme est appelée à respecter et honorer son mari, non par obligation, mais dans l'amour. Cette réciprocité crée un climat de confiance, de sécurité et de croissance mutuelle.

2.5. Le mariage selon Dieu est productif et fécond

Dieu dit à l'homme et à la femme :

> « *Soyez féconds, multipliez, remplissez la terre…* » (Genèse 1 : 28)

La fécondité du mariage ne se limite pas aux enfants, bien que cela en fasse partie. Elle s'exprime aussi par la croissance spirituelle, la contribution à l'Église et à la société, l'hospitalité, l'accueil, le témoignage… Le couple chrétien est un instrument de bénédiction, un canal par lequel Dieu manifeste sa gloire.

2.6. Le mariage selon Dieu est un reflet de l'union entre Christ et l'Église

Ce point est central dans la théologie du mariage. Paul écrit :

> « *Ce mystère est grand ; je dis cela par rapport à Christ et à l'Église.* » (Ephésiens 5 : 32)

Le mariage est une image vivante de l'amour du Christ pour son Église. Il reflète la fidélité, la sainteté, l'intimité et le dévouement de cette relation céleste. Ainsi, chaque couple chrétien est appelé à incarner cette réalité spirituelle, en devenant un témoignage visible de l'amour de Dieu.

Exhortation :

Chers lecteurs, chers couples, prenons à cœur ces caractéristiques.

Ne nous laissons pas modeler par la culture de notre époque, qui banalise le mariage, le dénature ou le rejette. Revenons au cœur de Dieu. Élevons nos standards à la hauteur de Sa parole. Le mariage selon Dieu n'est pas seulement possible, il est glorieux, transformateur, et porteur de vie. Mais il demande une soumission volontaire à Dieu, une volonté ferme d'obéir à Sa voix, et une ouverture constante à l'action du Saint-Esprit.

Section 3 : Une image de l'amour de Christ

Il parait utile de consacrer une attention particulière à cette caractéristique du mariage selon Dieu.

L'un des objectifs les plus profonds du mariage selon Dieu est de refléter l'amour de Christ pour son Église. Ce n'est pas seulement une union terrestre entre un homme et une femme, mais aussi une illustration vivante de la relation spirituelle entre Jésus-Christ et son peuple. C'est un mystère élevé, comme l'apôtre Paul le souligne :

> « *Ce mystère est grand ; je dis cela par rapport à Christ et à l'Église.* » (Ephésiens 5 : 32)

3.1. Un amour sacrificiel

Le Christ a aimé l'Église jusqu'à donner sa vie pour elle. Il s'est offert volontairement pour la sauver, la purifier et l'élever à une position de gloire. Dans le mariage, le mari est appelé à aimer sa femme comme Christ a aimé l'Église :

« *Maris, aimez vos femmes, comme Christ a aimé l'Église, et s'est livré lui-même pour elle.* » (Ephésiens 5 : 25)

Cela signifie que l'amour dans le mariage ne repose pas seulement sur les émotions, l'attirance ou les intérêts personnels. Il repose sur le don de soi, le sacrifice quotidien, et le choix de servir l'autre avec fidélité, même lorsque cela coûte.

3.2. Une soumission réciproque dans l'amour

De même que l'Église se soumet à Christ dans l'amour et la confiance, la femme est appelée à se soumettre à son mari — non pas comme une inférieure, mais comme une partenaire qui reconnaît son rôle biblique et honore l'ordre divin. Mais attention : la soumission dans le mariage chrétien est encadrée par l'amour, la compréhension et le respect mutuel.

Le mari ne domine pas ; il guide dans l'amour. La femme ne subit pas ; elle s'épanouit dans la sécurité d'un amour semblable à celui du Christ.

3.3. Une fidélité sans faille

L'amour de Christ pour son Église est inébranlable, fidèle et éternel. Il ne l'abandonne pas, même quand elle chute. De même, le mariage est appelé à manifester une fidélité profonde, qui traverse les saisons de joie et d'épreuve.

C'est dans cette fidélité que le monde peut voir la loyauté inaltérable de Dieu envers ses enfants. Le mariage devient alors un témoignage vivant de l'alliance divine.

3.4. Un amour qui sanctifie

Le Christ sanctifie son Église par sa Parole, la purifiant pour la présenter sans tâche ni ride. Dans le mariage, chaque époux doit aussi participer à l'édification spirituelle de l'autre. Le mariage selon Dieu n'est pas un frein à la sanctification, mais un moyen que Dieu utilise pour faire grandir les conjoints dans la sainteté.

Un mari et une femme qui prient ensemble, se pardonnent, s'encouragent dans la foi et marchent selon la Parole, deviennent un reflet tangible de l'amour sanctifiant du Christ.

Le mariage n'est pas seulement une institution sociale ou une relation romantique. Il est une image sacrée, une parabole vivante, une prédication silencieuse de l'Évangile. En aimant comme Christ, en servant comme Christ, et en persévérant comme Christ, les époux glorifient Dieu et témoignent au monde de l'amour extraordinaire de Jésus pour son Église.

Le mari est appelé à aimer sa femme comme Christ a aimé l'Église, et la femme à honorer son mari comme l'Église honore le Christ. Cela donne au mariage une dimension sacrée, au-delà des émotions ou des intérêts humains.

Section 4 : Mettre Dieu au centre du mariage

Un mariage peut être célébré par la famille, reconnu par la société, mais il ne trouvera sa stabilité que s'il est bâti sur Dieu. Le psaume 127 : 1 déclare :

« Si l'Éternel ne bâtit la maison, ceux qui la bâtissent travaillent en vain. »

Faire de Dieu le fondement du couple, c'est Lui remettre nos projets, nos décisions, nos conflits, notre avenir. C'est bâtir sur le roc.

Le mariage selon Dieu ne peut véritablement fonctionner que lorsque Dieu en est le fondement, le centre et le sommet. Le véritable amour conjugal, tel que Dieu l'a voulu, ne s'épanouit pleinement que lorsque le couple choisit de mettre Dieu à la première place. Cela signifie que Dieu n'est pas un invité dans le foyer, ni même un simple conseiller, mais le Maître du mariage. C'est autour de Lui que tout s'organise : l'amour, les décisions, les priorités, les conflits, les projets et l'éducation des enfants.

4.1. Dieu, l'auteur et le fondement du mariage

Dans Genèse 2 : 18, Dieu dit : « *Il n'est pas bon que l'homme soit seul ; je lui ferai une aide semblable à lui.* » Le mariage est donc une idée de Dieu, un projet divin né dans Son cœur pour le bien de l'humanité. Ignorer Dieu dans le mariage, c'est en fait bâtir sur du sable. Jésus a dit dans Matthieu 7 : 24-27 que celui qui écoute Ses paroles et les met en pratique est semblable à un homme sage qui bâtit sa maison sur le roc. Lorsque Dieu est au centre, le couple est fondé sur un roc inébranlable.

4.2. Dieu comme guide quotidien

Mettre Dieu au centre du mariage signifie aussi rechercher Sa volonté dans chaque aspect de la vie conjugale. Cela passe par la prière commune, la lecture et la méditation de la Parole de Dieu, et une soumission mutuelle dans la crainte de Christ (Ephésiens 5 : 21). Le couple devient un lieu d'adoration, un espace où l'on apprend à grandir ensemble à l'image de Jésus.

Dans cette démarche, le couple applique cette parole inspirée de Proverbes 3 : 5-6 :

> « *Confie-toi en l'Éternel de tout ton cœur, et ne t'appuie pas sur ta sagesse ; reconnais-le dans toutes tes voies, et il aplanira tes sentiers.* »

Ce verset devient une boussole. Il nous rappelle que la sagesse humaine est limitée, mais que Dieu, Lui, connaît le chemin du bonheur conjugal.

Quand Dieu est au centre, Il devient le point de référence dans les conflits. Plutôt que de se battre pour avoir raison, chacun cherche ce que Dieu dit, ce qui Lui plaît, ce qui apporte la paix. Il n'est plus question de domination ou d'égoïsme, mais de service, de pardon et de grâce, à l'image du Christ.

4.3. Les bénédictions d'un mariage centré sur Dieu

Un couple qui met Dieu au centre reçoit des grâces particulières. Dieu honore ceux qui L'honorent (1 Samuel 2 : 30). Cela ne signifie pas que tout sera parfait ou sans épreuve, mais que Dieu combattra pour eux (Exode 14 : 14). Il les soutiendra dans la maladie, les difficultés financières, les tensions familiales. Il deviendra leur force, leur paix et leur refuge.

De plus, un tel mariage devient un témoignage vivant de l'amour de Dieu dans ce monde. Les voisins, les amis, les enfants, les collègues verront quelque chose de différent, non pas un couple parfait, mais un couple humble, dépendant de Dieu, rempli de grâce et de vérité.

> ***Retenez bien*** *que mettre Dieu au centre du mariage, ce n'est pas une option, c'est une nécessité. C'est la clé d'un mariage solide, épanoui et durable. Dieu ne veut pas être à la marge de votre couple ; Il veut en être le cœur battant. Si vous Lui donnez la première place, Il transformera votre foyer en un lieu de paix, de croissance et d'amour véritable.*

Voici une prière que vous pouvez faire, ou adapter à une situation particulière. Elle est conçue pour aider les couples à placer Dieu au centre de leur union :

Seigneur, sois le centre de notre mariage

Seigneur notre Dieu,

Toi qui as institué le mariage dès le commencement,

Nous venons devant Toi avec humilité et foi.

Tu es le Dieu d'amour, de paix et de fidélité.

Sans Toi, nous ne pouvons rien faire de bon ni de durable.

Aujourd'hui, nous Te reconnaissons comme le Maître de notre mariage.

Nous voulons Te donner la première place dans notre couple,

dans nos pensées, dans nos paroles, dans nos décisions et dans nos projets.

Seigneur, viens habiter au milieu de nous.

Fais de notre foyer un lieu où Ton nom est honoré.

Apprends-nous à nous aimer comme Christ aime l'Église,

à nous pardonner comme Toi Tu nous pardonnes,

et à marcher chaque jour dans la lumière de Ta Parole.

Lorsque les tempêtes viendront, sois notre ancre.

Quand nous serons faibles, sois notre force.

Et dans les moments de joie, sois notre chant.

Nous Te confions notre passé, notre présent et notre avenir.

Sois glorifié dans notre mariage, pour aujourd'hui et pour toujours.

Au nom de Jésus-Christ, notre Seigneur et Sauveur,

Amen.

Le mariage selon Dieu est une alliance sacrée, conçue par Lui, guidée par Lui, et destinée à refléter Son amour. Avant de chercher à réussir son mariage par ses propres forces, il faut d'abord s'en remettre à Dieu, le seul véritable Architecte du bonheur conjugal.

Chapitre 2. Les objectifs du mariage selon Dieu

Après avoir établi que le mariage a une origine divine, il est essentiel de comprendre pourquoi Dieu a institué cette alliance. Quels en sont les buts ? Que cherche-t-Il à accomplir dans la vie des époux ?

Le mariage, tel qu'institué par Dieu, n'est pas une invention humaine fondée sur des émotions passagères ou des traditions sociales. C'est une œuvre divine, porteuse de sens et d'intentions précises. Pour comprendre le mariage selon Dieu, il ne suffit pas de savoir qu'il vient de Lui : il faut aussi saisir pourquoi Il l'a établi. Quels sont les objectifs divins de cette union sacrée ? La Bible nous éclaire sur plusieurs desseins majeurs que Dieu poursuit à travers le mariage.

Section 1. La communion, un remède à la solitude

Dès les premiers chapitres de la Genèse, Dieu révèle son intention profonde à travers l'institution du mariage : répondre au besoin fondamental de communion de l'être humain. « Il n'est pas bon que l'homme soit seul ; je lui ferai une aide semblable à lui » (Genèse 2 : 18). Cette parole divine exprime avec clarté que la solitude de l'homme n'était pas conforme à la volonté de Dieu. L'homme, bien qu'entouré d'un environnement parfait et de toutes les créatures, portait en lui un vide que rien d'autre ne pouvait combler : le besoin de relation, de partage, d'intimité. Le mariage est donc conçu, en premier lieu, comme un remède divin à la solitude humaine.

La solitude dont il est question ici n'est pas simplement l'absence de compagnie, mais l'absence d'une communion profonde avec un vis-à-vis capable de comprendre, de répondre, et de cheminer avec l'autre dans l'amour et le respect. Dieu crée la femme non pas comme un simple ajout, mais comme un vis-à-vis adapté – une « *aide semblable* », c'est-à-dire complémentaire. Cette communion dépasse la cohabitation physique : elle est une union de cœurs, d'âmes et de projets.

Dans le mariage selon Dieu, la communion devient un espace sacré où chacun peut être pleinement soi-même sans crainte d'être rejeté. Le mari et la femme sont appelés à vivre dans une intimité spirituelle, émotionnelle et physique, se soutenant mutuellement, portant les fardeaux ensemble, et partageant les joies comme les épreuves. Ce lien unique et exclusif, voulu par Dieu, reflète aussi la communion qu'Il désire entre Lui et l'humanité.

Le mariage ne supprime pas tout sentiment de solitude, mais il en guérit profondément les racines en offrant un cadre pour vivre l'amour vrai et constant. C'est dans cette alliance que Dieu façonne les cœurs, enseigne le don de soi, et rend visible son amour fidèle et patient.

1.1. La solitude de l'homme : un constat divin

> « *L'Éternel Dieu dit : Il n'est pas bon que l'homme soit seul ; je lui ferai une aide semblable à lui.* » (Genèse 2: 18)

Dès la création, Dieu identifie un besoin fondamental chez l'homme : la solitude. Ce constat ne vient pas de l'homme lui-même, mais de Dieu. Cela montre que le besoin de communion est inscrit dans la nature humaine, voulue par le Créateur. La solitude ici n'est pas seulement physique, mais surtout affective et relationnelle.

1.2. Le mariage : un cadre divinement établi pour la communion

« *C'est pourquoi l'homme quittera son père et sa mère, et s'attachera à sa femme, et ils deviendront une seule chair.* » (Genèse 2 : 24)

Dieu institue le mariage pour répondre à ce besoin de relation profonde. Le mariage devient le lieu d'une union intime et complète : corps, âme et esprit. Ce lien dépasse le simple partenariat ; il est une fusion d'identités dans l'amour et le respect mutuel.

1.3. La communion dans le mariage: un lieu de connaissance mutuelle

« *Adam connut Ève, sa femme ; elle conçut, et enfanta Caïn.* » (Genèse 4 : 1)

Dans la Bible, « connaître » son conjoint va au-delà de l'union physique : c'est une expression d'intimité, de confiance et de dévoilement. Dans la communion conjugale, l'homme et la femme se découvrent et se reçoivent mutuellement, dans une relation d'amour et de vérité.

1.4. La communion: un reflet de la relation entre Dieu et son peuple

> « *Car ton créateur est ton époux : l'Éternel des armées est son nom.* » (Ésaïe 54 : 5)

Le mariage humain reflète la communion que Dieu désire avec son peuple. Dans cette analogie spirituelle, l'amour, la fidélité, le pardon et la présence deviennent les piliers d'une relation durable. Vivre la communion conjugale, c'est aussi témoigner de la nature relationnelle de Dieu.

1.5. La communion guérit la solitude et construit l'unité

> « *Deux valent mieux qu'un, parce qu'ils retirent un bon salaire de leur travail. Car, s'ils tombent, l'un relève son compagnon…* » (Ecclésiaste 4 : 9-10)

Le mariage permet aux conjoints de s'épauler, de se soutenir et de s'encourager. La communion devient un rempart contre les épreuves et un moteur pour avancer ensemble. Dans cette unité, la solitude perd son pouvoir, car l'autre devient une source de force et de réconfort.

1.6. L'amour: le ciment de la communion conjugale

> « *L'amour est patient, il est plein de bonté… il excuse tout, il croit tout, il espère tout, il supporte tout.* » (1 Corinthiens 13 : 4-7)

La communion ne peut s'épanouir sans l'amour véritable, tel que défini par l'Écriture. Cet amour, désintéressé et durable, crée un climat favorable à la guérison des blessures intérieures, à la confiance, et à la paix dans le couple.

En conclusion, le mariage, dans sa conception divine, vise avant tout à répondre au besoin de communion inscrit en l'homme dès la création. Il est le lieu choisi par Dieu pour guérir la solitude, non en la fuyant, mais en la comblant par l'amour, l'écoute, la présence et le partage. C'est dans cette communion que le couple trouve sa première vocation : être ensemble, pleinement, pour la gloire de Dieu.

Section 2. La complémentarité et l'entraide

Dans les premières pages de la Bible, Dieu révèle une vérité fondamentale au sujet du mariage : « Il n'est pas bon que l'homme soit seul ; je lui ferai une aide semblable à lui » (Genèse 2: 18). Ce verset, souvent cité, est une pierre angulaire de la vision divine du mariage. Il nous enseigne que le mariage n'est pas seulement une union romantique ou une institution sociale, mais un partenariat divinement ordonné, basé sur la complémentarité et l'entraide.

L'un des objectifs fondamentaux du mariage selon Dieu est la complémentarité entre l'homme et la femme, accompagnée d'une entraide mutuelle dans tous les domaines de la vie. Dieu, dans sa sagesse infinie, n'a pas créé l'homme et la femme identiques, mais différents et pourtant faits l'un pour l'autre, pour qu'ensemble, ils reflètent pleinement son image et accomplissent sa volonté.

2.1. Une conception divine de la complémentarité

Dès la Genèse, Dieu déclare : « Il n'est pas bon que l'homme soit seul ; je lui ferai une aide semblable à lui » (Genèse 2 : 18). Ce verset révèle le cœur de Dieu pour l'être humain : l'homme, bien qu'entouré de toutes les merveilles de la création, était incomplet sans la femme. La femme est appelée « *une aide semblable à lui* », ce qui signifie ni inférieure, ni supérieure, mais complémentaire. Chacun des deux époux possède des dons, des capacités et des sensibilités propres, conçus pour se compléter et non pour entrer en compétition.

La complémentarité ne concerne pas seulement les rôles au sein du foyer, mais aussi les dimensions émotionnelle, spirituelle, intellectuelle et même physique. Ce que l'un n'a pas, l'autre peut l'apporter ; ce que l'un commence, l'autre peut le compléter.

Dieu n'a pas créé une copie identique de l'homme. Il a créé une femme - semblable en nature, mais différente en fonction. Cette différence n'est pas une faiblesse, mais une richesse. Le mari et la femme ont été façonnés pour se compléter, pour former une équipe, un tout cohérent où chacun apporte ce que l'autre n'a pas.

Le mari n'est pas supérieur à la femme, et la femme n'est pas inférieure au mari. Ils sont égaux en valeur, mais différents dans leurs rôles. Cette complémentarité permet une collaboration harmonieuse où chacun soutient l'autre dans l'amour, le respect et la confiance.

2.2. L'entraide comme expression de l'amour

Dans un mariage selon Dieu, l'entraide est bien plus qu'un simple partage de tâches. Elle est une manifestation concrète de l'amour agapé, un amour qui cherche le bien de l'autre, qui se sacrifie, qui porte les fardeaux. L'apôtre Paul exhorte :

> « *Portez les fardeaux les uns des autres, et vous accomplirez ainsi la loi de Christ* » (Galates 6 : 2).

Cela s'applique puissamment dans le cadre conjugal.

Dans le mariage, cela signifie être présent quand l'autre vacille, prier ensemble dans les moments d'épreuve, et célébrer ensemble les victoires. C'est dans cette entraide quotidienne que l'amour grandit et que l'unité se fortifie.

L'entraide dans le couple chrétien se manifeste par :

- Le soutien moral et spirituel dans les moments de faiblesse.
- Le partage des responsabilités domestiques et parentales.
- L'encouragement mutuel dans les projets personnels ou professionnels.
- L'écoute active et le conseil bienveillant.

L'union conjugale devient ainsi un lieu de croissance personnelle, où chaque époux aide l'autre à devenir la meilleure version de lui-même, en Christ.

L'entraide est bien plus qu'un acte occasionnel : c'est un mode de vie pour le couple. Dans un mariage selon Dieu, chacun cherche activement à alléger le fardeau de l'autre, à l'encourager dans ses défis, à le fortifier dans ses faiblesses. Cela reflète l'amour sacrificiel que Christ a manifesté pour son Église.

2.3. Une image de l'unité du Corps de Christ

Le mariage est une figure du mystère de l'union entre Christ et l'Église (Ephésiens 5 : 31-32). De même que les membres du corps de Christ ont des fonctions différentes mais complémentaires, l'homme et la femme, unis dans le mariage, exercent ensemble leur vocation commune. Le couple chrétien témoigne alors de cette unité dans la diversité, fondée sur l'amour, le respect et le service mutuel.

Le mariage est une interconnexion des destinées, une compénétrabilité de divers aspects, de divers rôles et talents, en vue d'établir, en chacun des époux, l'équilibre homéostasique. (***C'est un concept clé en biologie et en physiologie. Il désigne la capacité d'un organisme vivant à maintenir un environnement interne stable, malgré les variations de son environnement externe***).

Sans homéostasie, les cellules et les organes ne pourraient pas fonctionner correctement, ce qui mettrait en danger la vie de l'organisme. Aussi, sans compénétrabilité, le mariage risque de ne pas produire le fruit que Dieu lui a assigné de produire.

En résumé, Dieu a institué le mariage non seulement pour l'amour et la procréation, mais aussi pour que l'homme et la femme s'épaulent, se fortifient mutuellement et avancent ensemble dans leur marche avec Dieu. La complémentarité et l'entraide sont des piliers qui rendent le mariage fort, épanouissant et durable, à la gloire de Dieu.

Le mariage selon Dieu n'est pas une lutte pour l'indépendance, mais une marche à deux dans la complémentarité et l'entraide. C'est un reflet du cœur de Dieu, qui désire voir ses enfants s'aimer, se soutenir et grandir ensemble pour sa gloire. Que chaque couple chrétien puisse rechercher cette belle harmonie, où les différences deviennent des forces, et l'entraide une source constante de bénédiction.

Section 3. La procréation et l'éducation des enfants

L'un des objectifs fondamentaux du mariage selon Dieu est la procréation, c'est-à-dire la naissance d'enfants, et leur éducation selon les voies du Seigneur. Dès le commencement, Dieu a béni l'union entre l'homme et la femme avec ces paroles :

> « *Soyez féconds, multipliez, remplissez la terre…* » (Genèse 1 : 28).

Cette bénédiction divine révèle que la vie humaine est un don sacré, et que la famille est le lieu privilégié où ce don est accueilli, protégé et nourri.

3.1. La procréation : une bénédiction, non une obligation

Dans le plan de Dieu, le mariage est non seulement une alliance d'amour, mais aussi une source de fécondité bénie. Dès le jardin d'Éden, le Créateur a uni l'homme et la femme en leur confiant cette mission : « *Soyez féconds, multipliez, remplissez la terre…* » (Genèse 1 : 28). Ainsi, Dieu n'a pas seulement voulu que l'homme et la femme s'aiment, mais que leur amour porte du fruit. Chaque naissance est le signe visible que Dieu continue Son œuvre créatrice à travers les couples humains.

Cependant, la procréation doit toujours être perçue à la lumière de la grâce, et non comme un fardeau. Il ne s'agit pas d'une performance ou d'une obligation sociale.

Il est essentiel de comprendre que la procréation est une bénédiction, et non une simple fonction biologique ou une obligation sociale. Chaque enfant est un don de Dieu, comme le dit le psaume :

> « *Voici, des fils sont un héritage de l'Éternel, le fruit des entrailles est une récompense* » (Psaume 127 : 3).

Le couple marié accueille donc la vie avec gratitude, conscience et responsabilité.

Cependant, dans Son infinie sagesse, Dieu permet parfois que certains couples ne puissent pas avoir d'enfants biologiquement. Cela ne diminue en rien la valeur ni la plénitude de leur union. Le mariage demeure saint et complet devant Dieu, car l'amour, l'unité et la mission spirituelle du couple transcendent la fertilité naturelle. De nombreux couples deviennent ainsi parents par adoption, parrainage ou en s'investissant dans la vie d'autres enfants, reflétant l'amour de Dieu pour les orphelins et les abandonnés.

Par ailleurs, sans contraster avec le fait que Dieu est souverain, puisqu'il est écrit : « *Notre Dieu est au ciel, Il fait tout ce qu'il veut.* » (Psaume 115 : 3), il est permis d'exercer la foi, pour obtenir ce que notre cœur désir, selon Psaume 37 : 4.

Il est écrit :

> « *Tout ce que vous demanderez avec foi par la prière, vous le recevrez.* » (Matthieu 21 : 22)

Prenons l'exemple de Anne, la mère de Samuel. Pendant des années, elle a prié dans l'amertume et l'espérance. Et lorsque Dieu lui a donné un fils, elle l'a consacré à l'Éternel dès sa naissance (1 Samuel 1). Son témoignage nous rappelle que Dieu est sensible aux larmes des couples stériles, et qu'Il intervient selon Son temps, pour Sa gloire.

3.2. Élever des enfants dans la foi

Procréer n'est que le commencement. L'un des objectifs les plus élevés du mariage est d'élever des enfants dans la connaissance et la crainte de Dieu. Le Seigneur dit à Abraham :

> « *Je l'ai choisi, afin qu'il ordonne à ses fils et à sa maison après lui de garder la voie de l'Éternel* » (Genèse 18 : 19).

Les enfants sont appelés à devenir des disciples, des porteurs de la lumière dans un monde en ténèbres.

L'éducation des enfants ne se limite donc pas à leur développement intellectuel ou moral. Elle comprend surtout leur formation spirituelle : leur apprendre à prier, à connaître les

Écritures, à aimer l'Église, à servir leur prochain et à vivre selon les valeurs du Royaume de Dieu.

Mettre au monde des enfants est une grâce, mais les élever dans les voies de Dieu est une mission. La Bible ne demande pas seulement aux parents de nourrir, vêtir et instruire leurs enfants, mais de les enseigner à aimer et à servir le Seigneur.

> « *Instruis l'enfant selon la voie qu'il doit suivre ; et quand il sera vieux, il ne s'en détournera pas* » (Proverbes 22 : 6).
>
> ***Éduquer*** un enfant selon Dieu, c'est :

- Lui montrer l'amour de Dieu dans le foyer, en cultivant un climat de paix, de prière, de pardon et de respect mutuel.
- Lui faire découvrir les Écritures, dès son plus jeune âge, comme Timothée, qui « *connaissait les Saintes Lettres depuis son enfance* » (2 Timothée 3 : 15).
- Lui apprendre à prier, à obéir, à aimer la vérité, à se détourner du mal et à rechercher la volonté de Dieu.

Par exemple, une mère peut faire découvrir la foi à son enfant en priant avec lui chaque soir. Un père peut transmettre l'amour de la Parole en la lisant à table. Les gestes simples, répétés chaque jour, forment un héritage éternel. Car ce que l'enfant voit et entend dans son foyer devient pour lui une fondation solide dans la tempête.

Un couple chrétien n'élève pas seulement des citoyens de la terre, mais des héritiers du Royaume. Il prépare des flèches pour l'avenir :

> « *Comme des flèches dans la main d'un guerrier, ainsi sont les fils de la jeunesse* » (Psaume 127 : 4).

Ces enfants deviendront un jour des témoins dans les écoles, les entreprises, les nations, des porteurs de l'Évangile dans leur génération.

3.3. Le rôle complémentaire des parents

Dieu a confié aux deux parents la responsabilité conjointe de l'éducation. Le père est appelé à être un guide, un modèle d'autorité bienveillante et de foi vivante. La mère est souvent le cœur du foyer, celle qui nourrit, enseigne et console. Ensemble, ils forment une équipe soudée qui reflète l'amour du Christ pour Son Église.

L'Écriture nous avertit :

> « *Et vous, pères, n'irritez pas vos enfants, mais élevez-les en les corrigeant et en les instruisant selon le Seigneur* » (Ephésiens 6 : 4).

Cette instruction suppose patience, sagesse, prière et cohérence. L'éducation chrétienne commence dans les gestes simples du quotidien : dans l'exemple donné, dans l'amour manifesté, dans la discipline exercée avec justice.

Dans le dessein divin, le père et la mère ont des rôles différents mais complémentaires dans l'éducation des enfants. Chacun apporte un reflet unique du cœur de Dieu.

- Le père représente l'autorité aimante, la direction spirituelle, la stabilité. Il est appelé à enseigner la droiture, à poser des limites, à bénir ses enfants, comme Jacob l'a fait pour ses fils. Il doit être présent, engagé, et prier pour sa famille comme Job le faisait chaque matin (Job 1 : 5).
- La mère, elle, incarne la tendresse, la patience, la consolation. Elle est souvent celle qui crée un lien affectif profond, qui écoute, qui comprend, qui console, qui forme. Comme la mère de Moïse qui a caché son fils pour le sauver, chaque mère chrétienne est appelée à protéger et à façonner le cœur de ses enfants dans la foi.

Quand les deux parents œuvrent ensemble, dans l'unité et l'humilité, leur foyer devient une école du ciel. Même dans les cas de monoparentalité ou de foyers recomposés, Dieu donne la grâce pour que chaque parent fidèle remplisse sa part avec amour et foi.

3.4. Un témoignage pour les générations

Les enfants bien éduqués selon Dieu deviennent à leur tour des témoins vivants. Ils perpétuent les valeurs apprises dans leur propre famille, dans leur Église et dans la société. Ainsi, le mariage devient une source de bénédiction générationnelle :

« Ta femme est comme une vigne féconde dans l'intérieur de ta maison ; tes fils sont comme des plants d'olivier, autour de ta table » (Psaume 128 : 3).

Chaque couple chrétien est donc appelé à voir plus loin que sa propre union : il est appelé à semer dans les cœurs des générations futures une semence incorruptible, celle de la foi en Jésus-Christ.

L'éducation selon Dieu porte du fruit bien au-delà de la famille. Elle touche la communauté, l'Église, et même la nation. Des enfants bien formés deviennent des adultes intègres, capables de prendre position pour la justice et la vérité.

Regardons l'histoire de Loïs et Eunice, la grand-mère et la mère de Timothée. Elles ont semé la foi dans son cœur dès l'enfance, et grâce à elles, Paul a trouvé en Timothée un fils spirituel digne de confiance (2 Timothée 1 : 5). De même, chaque parent chrétien est un bâtisseur silencieux d'un monde meilleur.

> *Le mariage qui procrée et éduque selon Dieu n'est pas seulement un foyer heureux : il devient un ministère vivant, un témoignage visible du Royaume de Dieu sur la terre. Il engendre des fils et des filles spirituelles qui continueront l'œuvre de Dieu jusqu'à la fin des temps.*

Section 4. La sanctification mutuelle

Le mariage n'est pas seulement un lieu de bonheur, c'est aussi un lieu de transformation. Vivre à deux confronte chaque conjoint à ses limites, à ses égoïsmes, à ses blessures… et cela devient l'occasion d'un travail profond dans le cœur.

> Ephésiens 5 : 25-27 : «*Maris, aimez vos femmes, comme Christ a aimé l'Église… afin de la sanctifier…*»

Par l'amour, le pardon, la patience, la persévérance, Dieu purifie le cœur des époux. Le mariage devient une forge spirituelle, où chacun apprend à aimer comme Dieu aime.

Il n'y a pas de mariage parfait, mais il peut y avoir une croissance constante vers la maturité et la ressemblance à Christ.

Vivre à deux dans l'amour, la patience et le pardon favorise la croissance spirituelle.

Le mariage est une école où Dieu travaille notre caractère.

Section 5. Le témoignage

Le mariage, tel que voulu par Dieu, n'est pas seulement une union bénie pour le bonheur des époux. Il est aussi un témoignage vivant que Dieu veut utiliser pour révéler Sa gloire au monde. Dans un monde où l'amour véritable est souvent déformé, où les relations sont fragiles, conflictuelles, parfois superficielles, le mariage chrétien devient un panneau indicateur qui pointe vers l'amour de Christ.

5.1. Le mariage comme reflet de Christ et de l'Église

L'apôtre Paul, dans Ephésiens 5 : 31-32, révèle une vérité profonde :

« C'est pourquoi l'homme quittera son père et sa mère, et s'attachera à sa femme, et les deux deviendront une seule chair. Ce mystère est grand ; je dis cela par rapport à Christ et à l'Église. »

Le mariage, dans son essence, reflète l'union entre Christ et Son Église. Le mari, dans son amour sacrificiel, rappelle le Christ qui a donné Sa vie pour l'Église. L'épouse, dans son respect et son accueil, illustre la soumission joyeuse de l'Église à son Seigneur. Ainsi, chaque couple marié est appelé à incarner ce mystère, à être une parabole vivante de l'Évangile.

Cela veut dire que notre manière d'aimer, de pardonner, de servir, de nous soutenir dans le mariage prêche, parfois plus fort que nos paroles. Un foyer paisible, rempli de la présence de Dieu, peut toucher plus de cœurs qu'un sermon bien structuré.

5.2. Le témoignage dans la société

Dans une culture où les modèles familiaux sont souvent brisés ou flous, un mariage chrétien solide devient un témoignage public. C'est un message adressé aux voisins, aux collègues, aux amis : « *Il existe un autre chemin. Un chemin de fidélité, de patience, de grâce.* » Cela ne signifie pas que le couple chrétien ne connaîtra pas de défis, mais que dans ces défis, il choisira de marcher avec Dieu, de chercher la paix, de pardonner, de se relever.

Un couple chrétien qui traverse les tempêtes main dans la main en gardant les yeux fixés sur Dieu parle puissamment au monde. Il témoigne que Dieu est fidèle, que l'amour peut durer, et que la grâce de Dieu peut transformer les cœurs.

« Vous êtes la lumière du monde. Une ville située sur une montagne ne peut être cachée ; et on n'allume pas une lampe pour la mettre sous le boisseau, mais on la met sur le chandelier, et elle éclaire tous ceux qui sont dans la maison. Que votre lumière luise ainsi devant les hommes, afin qu'ils voient vos bonnes oeuvres, et qu'ils glorifient votre Père qui est dans les cieux. » (Matthieu 5 : 14-16)

Ce passage encourage les croyants à être visibles et exemplaires dans leur manière de vivre. Un couple chrétien qui vit selon les principes de Dieu devient un témoignage vivant dans la société : par son amour, sa fidélité, son unité, sa manière d'éduquer les enfants, sa gestion des conflits, etc. Cela incite les autres à glorifier Dieu.

Cette dimension de témoignage est encore renforcée par d'autres passages bibliques, notamment : 1 Pierre 2 : 12 – *«Ayez au milieu des païens une bonne conduite, afin que… en voyant vos bonnes œuvres, ils glorifient Dieu. »*

5.3. Le témoignage au sein de l'Église

Le mariage n'est pas seulement un témoignage pour le monde extérieur. Il l'est aussi pour les générations au sein du peuple de Dieu. Les jeunes dans l'Église observent les couples mariés. Ils apprennent en voyant comment les aînés s'aiment, se respectent, élèvent leurs enfants, prient ensemble. Un mariage centré sur Dieu inspire, forme et encourage les autres croyants.

Chaque couple marié devient ainsi un pilier du témoignage communautaire, une preuve vivante que les principes bibliques fonctionnent encore aujourd'hui. C'est pourquoi il est si important que les couples chrétiens s'investissent non seulement dans leur propre foyer, mais aussi dans la vie de l'Église : en accompagnant, en conseillant, en priant pour les autres.

> « *L'Éternel a fait pour nous de grandes choses ; nous sommes dans la joie.* » (Psaume 126 : 3)

Ce verset exprime la reconnaissance envers Dieu pour ses bienfaits, ce qui est souvent le cœur d'un témoignage. Il peut introduire ou conclure un témoignage de couple en soulignant que c'est Dieu qui a agi.

Et aussi, 1 Samuel 7 : 12, pour marquer une étape du chemin parcouru :

> « *…Jusqu'ici l'Éternel nous a secourus.* »

5.4. Le témoignage au fil du temps

Le mariage chrétien est un témoignage qui s'intensifie avec le temps. Il ne devient pas moins puissant avec les années, au contraire : les rides, les cheveux gris, les cicatrices de la vie témoignent d'une fidélité vécue. Un couple qui a traversé des décennies main dans la main proclame au monde : « *Dieu est capable de garder, de fortifier, et de bénir.* »

Quel puissant message d'espoir pour les jeunes mariés, pour les couples en difficulté, pour ceux qui doutent encore de la voie divine ! Un mariage long, solide et rayonnant est un évangile silencieux qui émeut les cœurs et glorifie Dieu.

Le Psaume 128 : 1-4 corrobore bien avec le témoignage permanent, et prouve, à suffisance, que lorsqu'un couple s'attache, véritablement, à Dieu, la faveur et la bénédiction divines deviennent plus qu'une évidence.

« Heureux tout homme qui craint l'Éternel,
Qui marche dans ses voies !
Tu jouis alors du travail de tes mains,
Tu es heureux, tu prospères.
Ta femme est comme une vigne féconde
Dans l'intérieur de ta maison ;
Tes fils sont comme des plants d'olivier,
Autour de ta table.
C'est ainsi qu'est béni
L'homme qui craint l'Éternel. »

Ce passage évoque la bénédiction divine sur un foyer fondé sur la crainte de Dieu et la fidélité à ses voies. Il correspond bien au témoignage d'un couple chrétien qui a persévéré ensemble dans la foi et dans l'amour, malgré les épreuves du temps. Il met aussi en valeur la stabilité, la fécondité, et la paix que Dieu accorde à ceux qui Lui sont fidèles.

Exhortation du Berger

Bien-aimés, ne sous-estimez jamais la portée de votre mariage. Même quand personne ne vous regarde, Dieu vous voit, et chaque choix d'aimer, de pardonner, d'honorer est une semence plantée pour Sa gloire. Si vous vous sentez faibles ou imparfaits, souvenez-vous que ce témoignage ne dépend pas de vos propres forces, mais de la grâce de Dieu qui vous soutient.

Demandez au Seigneur de faire de votre couple un témoignage vivant. Que vos enfants voient en vous le reflet de Son amour. Que vos proches découvrent en votre foyer un havre de paix. Et que le monde soit interpellé par la beauté du mariage selon Dieu.

L'illustration biblique de Zacharie et Élisabeth, comme couple craignant Dieu, est un témoignage vivant.

Dans Luc 1 : 5-7, nous découvrons un couple peu connu, mais riche d'enseignement : Zacharie et Élisabeth. L'Écriture les présente ainsi :

> « *Tous deux étaient justes devant Dieu, observant d'une manière irréprochable tous les commandements et toutes les ordonnances du Seigneur.* »

Ils étaient âgés, sans enfants, dans une société où la stérilité était vue comme une honte. Et pourtant, malgré ce que certains auraient perçu comme un "*manque*" ou une "*malédiction*", leur vie commune était un témoignage silencieux de fidélité à Dieu.

Ils ont persévéré ensemble dans la foi, dans l'obéissance, dans la prière. Leur mariage n'a pas été défini par les circonstances extérieures, mais par leur attachement à Dieu. Et c'est dans ce contexte que Dieu a choisi de faire un miracle : leur accorder un fils, Jean-Baptiste, le précurseur du Messie.

Voici un exemple puissant : même dans le silence, dans l'épreuve, dans les longues années d'attente, un couple peut glorifier Dieu par son unité, sa droiture, sa foi constante. Leur foyer est devenu un canal par lequel Dieu a ouvert un nouveau chapitre dans l'histoire du salut.

***En conclusion de ce chapitre**, le mariage, selon Dieu, est bien plus qu'une institution humaine ou une simple union sentimentale. C'est une vocation divine avec des objectifs élevés : la communion, la complémentarité, la fécondité, la sanctification et le témoignage. En découvrant ces objectifs, chaque couple peut aligner sa vie à la volonté de Dieu.*

Le mariage selon Dieu n'est pas une fin en soi : c'est un moyen par lequel Dieu accomplit ses desseins dans nos vies et dans le monde. Communion, complémentarité, fécondité, sanctification et témoignage : voilà les cinq grands objectifs divins du mariage.

Lorsque les époux se laissent façonner par Dieu et s'alignent sur ces objectifs, leur mariage devient non seulement une bénédiction pour eux-mêmes, mais aussi un témoignage puissant pour l'entourage proche et lointain.

Chapitre 3 : Les fondements du mariage selon Dieu

Pour qu'un mariage fonctionne selon le cœur de Dieu, il doit reposer sur des bases solides. Ce ne sont ni les sentiments, ni la beauté, ni les intérêts, ni même la tradition, mais des principes divins qui soutiennent durablement l'alliance conjugale. Un bâtiment n'est stable que si ses fondations sont bonnes; il en est de même pour le mariage.

Tout édifice durable repose sur des fondations solides. Il en est de même pour le mariage. Dieu ne se contente pas de nous appeler à nous unir, Il nous montre aussi comment bâtir cette union. Un mariage qui plaît à Dieu ne repose ni sur l'émotion ni sur les normes culturelles, mais sur des fondements spirituels. Si ceux-ci sont négligés, le couple devient vulnérable. Mais s'ils sont honorés, le mariage devient fort, stable, épanoui et épanouissant.

Section 1. L'amour véritable (1 Corinthiens 13 : 4-7)

> « *L'amour est patient, il est plein de bonté ; l'amour n'est pas envieux ; l'amour ne se vante pas, il ne s'enfle pas d'orgueil, il ne fait rien de malhonnête, il ne cherche pas son intérêt, il ne s'irrite pas, il ne soupçonne pas le mal, il ne se réjouit pas de l'injustice, mais il se réjouit de la vérité ; il excuse tout, il croit tout, il espère tout, il supporte tout.* »

Le premier fondement du mariage selon Dieu est l'amour agapé : un amour qui ne dépend pas des circonstances ni des mérites de l'autre. Ce n'est pas seulement un sentiment, mais un engagement à aimer même quand c'est difficile.

Dans les saisons de tensions, de fatigue ou d'épreuves, ce n'est pas l'émotion qui soutient le couple, mais une décision ferme de continuer à aimer, comme Dieu nous aime.

L'amour selon Dieu :

- Se montre patient dans les faiblesses de l'autre ;
- Est bienveillant et non égoïste ;
- Refuse l'orgueil, la jalousie, la rancune ;
- Pardonne, soutient et espère malgré les défis.

1.1. Un amour patient et bon

Le fondement du mariage selon Dieu commence par un amour patient. La patience est la capacité d'aimer l'autre même quand il n'agit pas selon nos attentes. Dans le cadre du mariage, cela signifie accepter les faiblesses de son conjoint, lui accorder le temps de grandir, de changer, de se relever après une erreur.

L'amour plein de bonté se manifeste par des gestes concrets de tendresse, d'encouragement, de service. Dans un couple, cela peut être une parole douce au lieu d'un reproche, un acte de service inattendu, ou tout simplement une attention sincère au besoin de l'autre.

Un couple centré sur Dieu s'efforce de manifester cette bonté chaque jour, sachant que l'amour n'est pas un simple sentiment, mais une décision renouvelée de faire du bien à l'autre.

1.2. Un amour humble et désintéressé

L'amour véritable n'est pas envieux : il ne se compare pas, ne jalouse pas les réussites ou les dons de l'autre. Il se réjouit du bonheur de l'être aimé.

Il ne se vante pas, ne s'enfle pas d'orgueil : dans le mariage, cela signifie qu'aucun des deux ne doit se sentir supérieur à l'autre. L'humilité est essentielle. Elle permet de reconnaître ses torts, de demander pardon, de s'excuser sincèrement et de se réjouir des victoires de l'autre comme si elles étaient les siennes.

L'amour ne cherche pas son intérêt. Cela va à contre-courant de l'esprit égoïste de notre époque. Le mariage selon Dieu n'est pas une alliance pour recevoir, mais pour donner. Celui qui aime véritablement cherche à combler l'autre, non à se servir de lui.

1.3. Un amour paisible et juste

L'amour ne s'irrite pas, c'est-à-dire qu'il n'explose pas de colère facilement. Il apprend à garder le calme, à maîtriser ses émotions, à dialoguer avec douceur même dans les tensions. Le mariage chrétien doit être un espace de paix, non de violence verbale ou émotionnelle.

Il ne soupçonne pas le mal : il ne prête pas à l'autre de mauvaises intentions, ne cultive pas la méfiance injustifiée. Dans une relation fondée sur Dieu, la confiance est un pilier.

L'amour ne se réjouit pas de l'injustice, mais de la vérité. Dans le couple, cela signifie que l'on ne tire pas satisfaction de la faiblesse ou de l'erreur de l'autre, mais qu'on désire la justice, la vérité, la réconciliation. On célèbre ce qui est bon, droit et vrai.

1.4. Un amour resilient et persévérant

Enfin, l'amour véritable selon Dieu est capable de tout porter :

« Il excuse tout, il croit tout, il espère tout, il supporte tout. »

Ces quatre verbes décrivent une force extraordinaire : celle de la fidélité dans les tempêtes. L'amour couvre une multitude de fautes (1 Pierre 4:8), il croit que Dieu peut changer les situations, il espère envers et contre tout, et il reste debout même quand le chemin est dur.

Ce n'est pas un amour naïf, mais un amour ancré en Dieu, qui puise sa force dans la foi et non dans les circonstances. C'est ce type d'amour qui permet aux mariages de durer, de grandir, de traverser les épreuves.

A retenir : Ce passage de 1 Corinthiens 13 n'est pas simplement un poème qu'on lit dans les mariages. C'est une feuille de route divine pour chaque couple. C'est un miroir dans lequel chaque époux doit se regarder. Est-ce que je suis patient ? Est-ce que je suis bon ? Est-ce que je suis humble ? Est-ce que je cherche l'intérêt de l'autre ? Ai-je une confiance et une espérance solides ?

L'amour véritable est l'essence même du mariage selon Dieu. Sans lui, tout le reste vacille. Avec lui, tout devient possible. Que chaque couple choisisse, chaque jour, de vivre cet amour-là : celui que Christ a manifesté pour son Église.

Voici une illustration biblique qui vient renforcer l'enseignement de 1 Corinthiens 13, 4-7 sur l'amour véritable, dans le contexte du mariage :

Illustration biblique : L'amour de Dieu en Osée et Gomer.

Un des exemples les plus saisissants de l'amour véritable dans la Bible est celui du prophète Osée et de sa femme Gomer, relaté dans le livre d'Osée, chapitres 1 à 3.

Dieu demande à Osée d'épouser une femme adultère, Gomer, pour illustrer l'amour de Dieu envers Israël, son peuple infidèle. Gomer quitte Osée, tombe dans l'impudicité, et finit esclave. Pourtant, Dieu dit à Osée :

> « *Va encore, aime une femme aimée d'un amant et adultère ; aime-la comme l'Éternel aime les enfants d'Israël.* » (Osée 3 : 1)

Osée obéit. Il va retrouver Gomer, il la rachète, il l'accueille à nouveau, il l'aime malgré sa trahison.

Lien avec 1 Corinthiens 13, 4-7

- ***La patience :*** Osée attend, espère, ne renonce pas à son épouse malgré son éloignement.
- ***La bonté*** : Il agit envers elle avec tendresse, même lorsqu'elle ne le mérite pas.
- ***L'absence d'égoïsme*** : Il ne cherche pas son propre intérêt, mais le salut et la restauration de sa femme.
- ***La persévérance*** : Il croit, il espère, il supporte. Il choisit de continuer à aimer.

Osée est l'image de l'amour fidèle de Dieu. Et cet amour est le modèle pour le mariage chrétien : un amour qui pardonne, restaure, et persévère, même quand tout semble perdu.

Application pour le couple chrétien

Comme Osée, chaque époux est appelé à aimer son conjoint avec la grâce de Dieu, non selon ses mérites, mais selon l'amour que Dieu a lui-même déversé dans notre cœur (Romains 5 : 5).

Il ne s'agit pas de tolérer l'injustice ou l'infidélité sans discernement, mais de manifester une attitude de rédemption, de grâce et de réconciliation, comme Dieu l'a fait pour nous en Christ.

Section 2. L'alliance et non le contrat (Malachie 2 : 14)

> « *Et vous dites : Pourquoi ? Parce que l'Éternel a été témoin entre toi et la femme de ta jeunesse, à laquelle tu es infidèle, bien qu'elle soit ta compagne et la femme de ton alliance.* »

Le mariage, selon Dieu, est bien plus qu'un simple engagement légal ou une union civile. Il s'agit d'une alliance sacrée, et non d'un contrat social. Cette distinction est essentielle pour comprendre le fondement biblique du mariage et vivre ce dernier selon la volonté de Dieu.

2.1. La nature de l'alliance

Dans l'Écriture, une alliance est un engagement solennel, scellé devant Dieu, impliquant fidélité, engagement total et consécration mutuelle. Contrairement au contrat, qui repose sur des conditions mutuelles et peut être annulé si ces conditions ne sont plus remplies, l'alliance demeure irrévocable et engage la personne dans sa totalité, au-delà des circonstances.

Dans Malachie 2 : 14, Dieu reproche à son peuple l'infidélité dans le mariage en rappelant que Lui-même a été témoin de cette alliance. Cela signifie que le mariage n'est pas simplement une affaire entre deux individus, mais une institution divine dans laquelle Dieu s'implique personnellement. La femme n'est pas seulement une compagne, mais « la femme de ton alliance » — une expression forte qui révèle la profondeur du lien.

2.2. Contrat et alliance: deux logiques opposées

Un contrat repose sur des clauses : « *je reste avec toi tant que tu me satisfais* », « *je t'aime tant que tu es agréable* ». Cette mentalité contractuelle est fragile et dépend du ressenti, des performances ou des intérêts. Elle est conditionnelle.

À l'inverse, l'alliance repose sur un don total de soi : « *je m'engage envers toi, quoi qu'il arrive* », « *je choisis de t'aimer et de te rester fidèle, même dans les moments difficiles* ». L'alliance est inconditionnelle, motivée par l'amour agapé, celui que Dieu manifeste envers son peuple.

2.3. Une alliance à trois

Dans le mariage selon Dieu, l'alliance ne lie pas seulement un homme et une femme, mais elle inclut Dieu comme tiers garant. Cela signifie que l'homme et la femme se tiennent devant Dieu pour s'engager, et que leur fidélité mutuelle est aussi une marque de leur fidélité à Dieu. Briser l'alliance matrimoniale, c'est aussi rompre un engagement spirituel devant le Seigneur.

C'est pourquoi Malachie parle de l'infidélité envers la femme comme d'un péché grave, car elle révèle une rupture de confiance et de loyauté non seulement envers l'autre, mais envers Dieu Lui-même.

2.4. L'appel à la fidélité

Le prophète Malachie appelle le peuple à revenir à la fidélité dans le mariage. Il souligne que Dieu haït la répudiation (Malachie 2 : 16) parce qu'elle trahit l'alliance. Le mariage n'est pas un arrangement temporaire mais un engagement durable, un reflet de l'amour fidèle de Dieu envers son Église.

En tant que chrétiens, nous sommes appelés à honorer cette alliance avec sérieux, à la nourrir par l'amour, le pardon, la patience, et la crainte de Dieu. La fidélité dans le mariage est une démonstration de la fidélité de Dieu dans notre propre vie.

> ***En définitive***, *redéfinir le mariage comme une alliance et non un contrat transforme notre manière de l'aborder. Ce n'est plus un choix personnel conditionné par les circonstances, mais un engagement spirituel enraciné dans la volonté de Dieu. À travers cette alliance, le mariage devient un terrain où l'amour véritable, la grâce et la fidélité peuvent pleinement s'exprimer, pour la gloire de Dieu.*

Section 3. Le pardon et la grâce (Colossiens 3:13)

> « *Supportez-vous les uns les autres, et, si l'un a sujet de se plaindre de l'autre, pardonnez-vous réciproquement. De même que Christ vous a pardonné, pardonnez-vous aussi.* »

Le mariage, union profonde et sacrée entre deux êtres imparfaits, ne peut subsister sans deux piliers essentiels : le pardon et la grâce. Sans eux, les blessures s'accumulent, les cœurs se durcissent et l'intimité se brise. Mais avec eux, l'amour devient plus fort que les fautes, et le couple reflète véritablement la nature du Dieu d'amour.

3.1. L'exemple du Christ

La vie chrétienne est fondée sur la grâce que Dieu nous a accordée en Jésus-Christ. Nous avons été pardonnés alors que nous ne le méritions pas, comme le dit bien la Parole : « Mais Dieu prouve son amour envers nous, en ce que, lorsque nous étions encore des pécheurs, Christ est mort pour nous. » (Romains 5 : 8). Cet amour inconditionnel est le modèle auquel le mariage chrétien est appelé à se conformer. Paul exhorte ainsi les croyants :

> « *Supportez-vous les uns les autres, et, si l'un a sujet de se plaindre de l'autre, pardonnez-vous réciproquement. De même que Christ vous a pardonné, pardonnez-vous aussi.* » (Colossiens 3 : 13).

Dans le mariage, cela signifie que les conjoints doivent se traiter non pas selon leurs mérites, mais selon la grâce de Dieu. Le pardon devient alors un acte d'adoration, une démonstration vivante de la miséricorde divine.

3.2. Le pardon : une nécessité relationnelle

Aucun couple n'est exempt de conflits. Même dans les unions les plus solides, il y a des moments de désaccord, de blessure, d'incompréhension. Mais là où le pardon est absent, la colère se transforme en ressentiment, et le ressentiment en amertume.

> « *Veillez à ce que personne ne se prive de la grâce de Dieu ; qu'aucune racine d'amertume, poussant des rejetons, ne cause du trouble…* » (Hébreux 12 : 15).

Le pardon n'est pas un simple oubli ni une approbation du mal subi. C'est une décision volontaire de ne pas retenir le tort contre l'autre, une démarche de libération personnelle et conjugale. Il permet de briser le cycle destructeur de l'offense et de rétablir la communion.

3.3. La grâce : aimer malgré les défauts

La grâce est ce regard bienveillant posé sur l'autre malgré ses imperfections. Elle ne nie pas la réalité des défauts, mais elle choisit de les couvrir d'amour. Comme il est écrit :

> « *L'amour couvre une multitude de péchés.* » (1 Pierre 4 : 8).

Dans un mariage selon Dieu, il ne s'agit pas de s'attendre à la perfection, mais de cultiver la patience, la bonté et la compassion, en reconnaissant que nous-mêmes avons besoin chaque jour de la grâce de Dieu. Offrir la grâce à son conjoint, c'est reconnaître que le chemin de la sanctification est un processus et que Dieu agit dans le cœur de chacun à Son rythme.

3.4. Témoignage vivant du pardon et de la grâce

De nombreux couples peuvent témoigner que c'est dans les épreuves, les trahisons, les déceptions et les faiblesses que la grâce de Dieu s'est le plus puissamment manifestée. Il n'y a pas de plus grande victoire dans un mariage que celle d'un cœur qui choisit de pardonner sincèrement et d'aimer encore. Ces couples deviennent alors des témoins vivants de l'Évangile, illustrant ce que signifie aimer comme Christ a aimé l'Église (Ephésiens 5 : 25).

Le pardon et la grâce sont des fondements indispensables d'un mariage centré sur Dieu. Ils transforment les moments de faiblesse en occasions de croissance spirituelle, les blessures en sources de guérison, et les conflits en tremplins vers une intimité plus profonde. En pardonnant, le couple s'élève au-dessus de l'offense ; en accordant la grâce, il s'aligne avec le cœur même de Dieu. Là se trouve l'essence d'un mariage selon le Royaume.

Section 4. La communication sincère et respectueuse (Ephésiens 4:15, 29)

> « …*en disant la vérité dans l'amour, nous croîtrons à tous égards en Celui qui est la tête, Christ…* »
>
> « *Qu'aucune parole mauvaise ne sorte de votre bouche, mais seulement des paroles utiles…* »

Le mariage selon Dieu repose sur une communion véritable entre les époux, et cette communion ne peut exister sans une communication sincère et respectueuse. Dieu nous a créés avec la capacité de parler, d'écouter, de ressentir et de partager. Le couple, en tant qu'unité voulue par Dieu, doit cultiver cette capacité pour que l'amour grandisse, que les malentendus soient dissipés, et que l'unité soit préservée.

4.1. La sincérité : parler avec vérité et intégrité

La sincérité est une forme d'amour. Être sincère, c'est oser être vrai devant son conjoint, sans mensonge ni masque. Cela ne signifie pas dire tout sans discernement, mais choisir de ne pas cacher ce qui est essentiel. Éphésiens 4 : 25 dit :

> « *C'est pourquoi, renoncez au mensonge, et que chacun de vous parle selon la vérité à son prochain ; car nous sommes membres les uns des autres.* »

Dans le cadre du mariage, ce verset prend toute sa force : le mari et la femme sont « membres l'un de l'autre » – ils forment un seul corps. Cacher la vérité à l'autre, c'est comme si la main refusait de dire au pied qu'il y a un obstacle. Le couple avance dans l'obscurité lorsqu'il n'y a pas de vérité.

La sincérité permet aussi d'exprimer ses besoins, ses blessures, ses attentes, et même ses fautes. Le silence dans le couple peut devenir un terrain fertile pour les suppositions, les frustrations, voire les tentations. Mais la parole honnête, exprimée avec amour, libère et guérit.

4.2. Le respect : parler et écouter avec amour

La sincérité sans respect peut blesser. C'est pourquoi Dieu nous appelle à parler dans l'amour. Éphésiens 4 : 15 enseigne :

> « *Mais en disant la vérité dans l'amour, nous croîtrons à tous égards en celui qui est le chef, Christ.* »

Le respect, c'est reconnaître la dignité de l'autre, même quand on est en désaccord. C'est choisir de ne pas rabaisser, humilier ou mépriser. Le ton utilisé, les mots choisis, le moment où l'on parle : tout cela compte. Un mot vrai, dit sans amour, peut devenir une arme. Mais une parole respectueuse, même pour exprimer une vérité difficile, peut ouvrir le cœur.

Le respect se manifeste aussi dans l'écoute. Jacques 1 : 19 nous rappelle :

> « *Que chacun soit prompt à écouter, lent à parler, lent à la colère.* »

Écouter son conjoint, c'est lui faire don de son attention. C'est dire, par le silence attentif : « *Tu es important pour moi. Ce que tu vis compte.* » Le respect ouvre la porte à la compréhension et à la réconciliation.

4.3. Les obstacles à la bonne communication

Plusieurs choses peuvent nuire à une communication sincère et respectueuse dans le couple :

- ***L'orgueil,*** qui pousse à avoir toujours raison ;

- ***La peur du rejet***, qui empêche d'être vrai ;
- ***Les blessures du passé***, qui déforment les intentions de l'autre ;
- ***Le manque de temps***, qui fait que l'on ne parle plus que des choses pratiques ;
- ***Les influences extérieures*** (réseaux sociaux, comparaisons, pressions familiales), qui polluent le dialogue conjugal.

Ces obstacles doivent être identifiés, puis combattus avec l'aide de Dieu. Le couple peut apprendre à se parler à nouveau, à se réécouter, à se comprendre, et à se pardonner.

4.4. Construire une culture du dialogue

Communiquer ne s'improvise pas. C'est une discipline et un art. Voici quelques clés pratiques inspirées de principes bibliques :

- ***Priez ensemble*** avant de parler dans les moments sensibles ;
- ***Choisissez un bon moment*** pour aborder les sujets délicats ;
- ***Exprimez vos émotions sans accuser***, en utilisant le «*Je*» au lieu du «*tu*» ;
- ***Évitez les généralisations*** (« *Tu ne fais jamais…* », « *Tu es toujours comme ça…* ») ;
- ***Encouragez et remerciez régulièrement***, même pour les petites choses ;

- ***Créez des moments de qualité*** pour parler en profondeur (balades, repas, retraites conjugales) ;
- ***Cherchez à comprendre avant d'être compris***.

> *Quand la communication est saine, elle devient un espace de croissance, d'édification mutuelle et de complicité. Elle reflète alors la nature même de Dieu, qui est un Dieu de parole, un Dieu qui communique avec ses enfants.*

Section 5. La présence de Dieu au centre (Ecclésiaste 4:12)

> « *Et si quelqu'un est plus fort qu'un seul, les deux peuvent lui résister ; et la corde à trois fils ne se rompt pas facilement.* »

Le fondement le plus sûr et le plus solide d'un mariage selon Dieu, c'est la présence même de Dieu au cœur de l'union. Sans Sa présence active et permanente, même les fondements les plus bien intentionnés peuvent vaciller sous le poids des épreuves de la vie. Dieu n'est pas un simple invité à la cérémonie de mariage ; Il est l'Architecte du couple, le Pilote du foyer, et la Source d'amour véritable.

Le mariage, selon Dieu, n'est pas seulement une union entre un homme et une femme, mais une alliance spirituelle où Dieu Lui-même est partie prenante. Un mariage véritablement fondé sur Dieu ne peut subsister sans Sa présence active, constante et centrale. Quand Dieu est au centre, le mariage devient plus qu'une simple cohabitation ou un engagement social : il devient un lieu de transformation, de sanctification, et de révélation de l'amour divin.

5.1. Dieu : le Tiers essentiel du mariage

Le mariage selon Dieu n'est pas une simple relation entre deux personnes, mais une alliance à trois : un homme, une femme, et Dieu. Comme le dit Ecclésiaste 4 : 12 :

> « *Et si quelqu'un est plus fort qu'un seul, les deux peuvent lui résister ; et la corde à trois fils ne se rompt pas facilement.* »

Cette image d'une corde à trois brins illustre la force surnaturelle d'un couple qui place Dieu au centre de sa relation. L'amour humain, aussi sincère soit-il, reste limité. Seule la présence de Dieu peut renouveler cet amour, l'élever et le fortifier dans les moments de faiblesse.

Dans de nombreux mariages, Dieu est évoqué au moment de la cérémonie, parfois prié lors de crises, mais rarement intégré comme le centre vivant de la relation. Pourtant, la vision biblique est claire : Dieu n'est pas un simple témoin du mariage, Il en est l'initiateur, le garant et le moteur.

Le Psaume 127 : 1 nous avertit :

> « *Si l'Éternel ne bâtit la maison, ceux qui la bâtissent travaillent en vain.* »

Cette parole souligne que tout effort humain, aussi sincère soit-il, demeure fragile et voué à l'échec s'il n'est pas enraciné en Dieu. Un mariage sans la présence de Dieu est exposé aux tempêtes de la vie sans ancre, sans gouvernail et sans lumière.

5.2. Une alliance à trois: le mari, la femme et Dieu

«…et la corde à trois brins ne se rompt pas facilement.»

Ce troisième brin, c'est Dieu. C'est Lui qui lie, fortifie, et donne une résistance surnaturelle à l'union. Lorsque les époux s'aiment, se respectent et s'unissent sous la Seigneurie de Christ, leur lien devient plus fort que leurs faiblesses individuelles.

Lorsque Dieu est au centre, le foyer devient un sanctuaire. Ce n'est plus seulement un lieu d'habitation, mais un espace où règnent la paix, la joie, la grâce et la vérité. C'est dans un tel environnement que le couple grandit en maturité spirituelle et que les enfants, s'il y en a, sont élevés dans la crainte de l'Éternel.

Dans Josué 24 : 15, nous lisons ces paroles puissantes :

« *Moi et ma maison, nous servirons l'Éternel.* »

Servir Dieu ensemble unit le couple dans une mission commune. Ce service devient une source de communion, de soutien mutuel et d'harmonie.

Le mariage biblique est une corde à trois fils.

5.3. La prière : ciment de la présence divine

Il s'en découle l'intimité spirituelle, qui est la clef de la solidité du couple.

Un couple qui prie ensemble invite continuellement la présence de Dieu dans sa vie. La prière en couple n'est pas seulement un acte spirituel, mais un acte d'unité, de dépendance envers Dieu, et de confiance réciproque. Jésus a promis :

> « *Là où deux ou trois sont assemblés en mon nom, je suis au milieu d'eux.* » (Matthieu 18 : 20).

Ce verset, appliqué au mariage, signifie que lorsque les conjoints s'unissent dans la foi, la présence de Jésus devient une réalité tangible au sein de leur foyer.

Ainsi, lorsque les conjoints se réunissent régulièrement dans la prière, ils ne sont jamais seuls : Christ est au milieu d'eux, pour les guider, les consoler et les fortifier.

Beaucoup de couples cherchent l'intimité physique ou émotionnelle, mais négligent l'intimité spirituelle. Pourtant, c'est dans la communion avec Dieu que les époux trouvent la paix, la sagesse et la force nécessaires pour affronter les défis.

Lorsque le couple prie ensemble, lit la Parole ensemble, loue ensemble, une dimension supérieure de relation s'installe.

5.4. Les fruits de la présence de Dieu

Lorsque Dieu est au centre du mariage, cela se voit. Les fruits de l'Esprit (Galates 5 : 22-23) deviennent visibles dans la relation : amour, joie, paix, patience, bonté, fidélité, douceur, maîtrise de soi. Ces vertus ne viennent pas naturellement ; elles sont le reflet d'une vie transformée par la proximité de Dieu.

Dans les moments de crise, c'est la présence de Dieu qui apaise les cœurs, qui rappelle le pardon, qui invite à la

réconciliation. Dans les temps de joie, c'est encore Sa présence qu élève la louange et enseigne la reconnaissance.

Tout couple traverse des désaccords, des incompréhensions, voire des crises. Mais un couple où Dieu est au centre ne se détruit pas dans l'épreuve. Au contraire, la présence de Dieu agit comme un refuge, une source de pardon, de patience et de réconciliation.

L'amour humain est vite à bout de ressources. Mais l'amour de Dieu, versé dans nos cœurs par le Saint-Esprit (Romains 5 : 5), permet d'aimer même quand l'autre semble difficile à aimer. Il nous donne le pouvoir de pardonner, d'attendre, de construire encore.

5.5. Un foyer où Dieu règne devient un témoignage vivant

Plusieurs couples chrétiens témoignent de leur transformation après avoir placé Dieu au centre de leur mariage. L'un d'eux confiait :

> « *Nous avions tout essayé : conseils, lectures, compromis… Mais rien ne fonctionnait vraiment. C'est le jour où nous avons décidé de prier ensemble chaque jour, de lire la Bible à deux, et de confier notre mariage à Dieu, que tout a changé.* »

Ce témoignage est le reflet d'une vérité biblique puissante: sans Dieu, tout peut s'écrouler ; avec Dieu, tout peut renaître.

Lorsque Dieu est réellement au centre, cela se voit. L'atmosphère du foyer change : la paix règne, la joie abonde, la parole est

édifiante, la foi est visible. Ce type de foyer devient un témoignage vivant pour les enfants, les voisins, les amis et même pour l'Église.

Mettre Dieu au centre, c'est aussi Lui donner la première place dans les décisions du couple, dans l'éducation des enfants, dans la gestion du temps, des finances, des relations. C'est faire du foyer une ambassade du Royaume de Dieu sur terre.

Qu'on retienne bien ceci : Un mariage fondé sur Dieu ne consiste pas seulement à croire en Lui, mais à vivre chaque jour avec Lui, à s'appuyer sur Sa parole, et à L'inviter activement dans chaque dimension de la vie conjugale. Ce n'est qu'en mettant Dieu au centre que le mariage devient véritablement ce qu'Il l'a destiné à être : *une alliance sacrée.*

En conclusion :

Un mariage fondé sur l'amour humain est fragile. Mais un mariage construit sur les fondements divins est inébranlable. En bâtissant sur l'amour agapé, l'alliance, le pardon, la communication et la présence de Dieu, les couples peuvent surmonter les tempêtes et glorifier Dieu à travers leur union. Le mariage selon Dieu ne repose pas sur des bases humaines, mais sur des fondements spirituels puissants : l'amour véritable, l'alliance sacrée, le pardon continu, la communication sincère et la présence divine.

Ce sont ces piliers qui soutiennent les couples chrétiens au fil des années. Ceux qui bâtissent leur foyer sur ces rochers verront leur mariage résister aux tempêtes et devenir un témoignage vivant de la gloire de Dieu.

Chapitre 4 : Les responsabilités des époux dans le mariage selon Dieu

Le mariage selon Dieu n'est pas une simple union romantique. C'est une mission à deux, où chacun a un rôle spécifique à remplir pour que l'alliance fonctionne selon le dessein divin. Dieu ne demande pas la même chose à l'homme et à la femme : leurs responsabilités sont complémentaires, mais également importantes. En les respectant, les époux contribuent à l'équilibre, à la paix et à la bénédiction de leur foyer.

Dans le mariage selon Dieu, l'amour ne se limite pas à des sentiments : il se manifeste par des actes concrets et des responsabilités assumées. Chaque époux a une place, un rôle, une mission. Ces rôles ne sont ni inégaux ni interchangeables : ils sont complémentaires, et conçus pour le bon fonctionnement du couple et de la famille.

Ignorer ou négliger ces responsabilités, c'est ouvrir la porte à la confusion, aux conflits et aux déséquilibres. Mais les embrasser dans la foi et l'obéissance, c'est poser les bases d'un foyer selon le cœur de Dieu.

Section 1. Les responsabilités du mari

Le mariage, selon Dieu, n'est pas simplement une union émotionnelle ou sociale, mais une alliance sacrée, bâtie sur des principes divins et immuables. Dans cette alliance, chaque époux se voit confier un rôle spécifique, non pour dominer ou rivaliser, mais pour servir, aimer et édifier l'autre dans l'amour de Christ. Le mari, en particulier, est investi d'une responsabilité spirituelle et morale majeure. En tant que chef de la famille, il n'est pas un tyran, mais un modèle de Christ, appelé à aimer, protéger, diriger et pourvoir avec humilité et dévouement.

Malheureusement, dans notre époque marquée par la confusion des rôles et la redéfinition des valeurs familiales, il devient crucial de revenir à la Parole de Dieu pour redécouvrir ce que signifie réellement être un mari selon le cœur de Dieu. Ce que Dieu attend d'un homme marié dépasse largement les attentes culturelles ou personnelles : il s'agit d'un appel à refléter Christ dans sa manière d'aimer, de servir et de diriger son foyer.

Dans cette section, nous allons explorer, à la lumière des Écritures, les principales responsabilités que Dieu confie au mari. Nous verrons que ces responsabilités, loin d'être un fardeau, sont une noble vocation, une opportunité d'exercer l'amour agapé dans sa forme la plus concrète et la plus puissante.

1.1. Aimer sa femme comme Christ aime l'Église (Ephésiens 5:25)

L'une des responsabilités fondamentales du mari, selon la Parole de Dieu, est d'aimer sa femme. Mais cet amour n'est pas laissé à la subjectivité des sentiments ou des circonstances. L'Écriture donne un modèle précis et exigeant :

> « *Maris, aimez vos femmes, comme Christ a aimé l'Église, et s'est livré lui-même pour elle...* » (Ephésiens 5 : 25).

Cet amour est sacrificiel. Christ n'a pas attendu que l'Église mérite son amour. Il l'a aimée dans sa faiblesse, dans sa rébellion, et il a donné sa vie pour la sauver, la sanctifier et la glorifier. De la même manière, le mari est appelé à aimer sa femme de façon constante, désintéressée, et prête à se sacrifier pour son bien. Cela implique de renoncer à soi, à son confort, à ses droits, pour le bien-être physique, émotionnel et spirituel de son épouse.

Cet amour est aussi actif. Il ne s'agit pas seulement de sentiments, mais d'actions concrètes : écouter, soutenir, encourager, consoler, sécuriser, honorer. L'amour selon Dieu se manifeste au quotidien, dans les petits gestes comme dans les grandes décisions.

Enfin, cet amour est sanctifiant. Tout comme Christ œuvre pour que l'Église devienne sainte et irrépréhensible, le mari est appelé à contribuer à la croissance spirituelle de sa femme. Cela suppose une vie de prière en couple, une direction spirituelle empreinte d'humilité, et un désir sincère de voir sa femme s'épanouir dans sa relation avec Dieu.

Un mari qui aime ainsi devient un reflet vivant de l'amour de Christ dans son foyer. Il crée un climat de sécurité, de paix et de confiance, où l'épouse peut s'épanouir pleinement dans sa vocation de femme et d'aide selon Dieu.

L'amour du mari ne doit pas être conditionné par le comportement ou l'humeur de sa femme. Il est appelé à aimer inconditionnellement, comme Christ aime l'Église. Cela signifie :

- Être prêt à se sacrifier pour elle ;
- Chercher son bien avant le sien ;
- La couvrir de tendresse, de patience, de protection.

Cet amour n'est pas autoritaire, ni passif. C'est un amour actif, constant, sacrificiel. Il ne s'agit pas seulement de dire "je t'aime", mais de le montrer par des actes quotidiens.

1.2. Assumer le rôle de chef spirituel du foyer (Ephésiens 5 : 23).

C'est être le chef de sa femme comme Christ est le chef de l'Église.

Dans l'ordre divin du mariage, Dieu a établi le mari comme le chef de sa femme. L'apôtre Paul l'affirme sans équivoque :

> « *Car le mari est le chef de la femme, comme Christ est le chef de l'Église, qui est son corps, et dont il est le Sauveur* » (Ephésiens 5 : 23).

Cette notion de chefferie ne doit pas être interprétée à la lumière des abus d'autorité ou des conceptions patriarcales déformées. Il ne s'agit pas de domination, de supériorité ou de contrôle, mais de responsabilité et de service. Christ est le chef de l'Église, non pas en la rabaissant, mais en la servant jusqu'à la croix. De même, le mari exerce sa position de chef en servant, en guidant et en protégeant sa femme avec amour et humilité.

Être chef, pour un mari, signifie :

- Prendre l'initiative spirituelle : prier avec et pour sa femme, ouvrir la Bible ensemble, rechercher la volonté de Dieu pour le foyer, et donner une direction fondée sur les principes divins.
- Assumer la responsabilité des décisions familiales : non pas en imposant ses idées, mais en consultant, en écoutant et en discernant. La chefferie biblique inclut l'écoute, le dialogue, et le souci de l'unité. Le chef ne décide pas seul, mais il porte le poids final de la décision devant Dieu.
- Donner l'exemple : un bon chef montre la voie. Il incarne les valeurs qu'il désire voir dans sa famille : intégrité, patience, foi, amour, respect. Il est un modèle, non un donneur d'ordres.

Cette responsabilité est lourde, mais elle est aussi honorable. Le mari n'est pas seulement un homme qui habite sous le même toit que sa femme. Il est le pilote spirituel du foyer, celui que Dieu a établi pour conduire la maison sur le chemin de la vérité, de la paix et de la sanctification.

1.3. Pourvoir aux besoins de sa famille (1 Timothée 5 : 8)

L'une des responsabilités essentielles du mari est de subvenir aux besoins matériels et financiers de sa famille. Ce devoir n'est pas simplement une norme culturelle ou sociale : c'est un principe biblique clairement établi. L'apôtre Paul écrit avec fermeté :

« *Si quelqu'un n'a pas soin des siens, et principalement de ceux de sa famille, il a renié la foi, et il est pire qu'un infidèle* » (1 Timothée 5 : 8).

Dieu attend du mari qu'il soit un fournisseur fidèle, un travailleur assidu, et un gestionnaire sage des ressources qu'il reçoit. Travailler pour nourrir, loger, vêtir et protéger sa famille est une expression tangible de l'amour et de la responsabilité.

Pourvoir aux besoins ne signifie pas seulement gagner de l'argent, mais aussi :

- Assurer la stabilité du foyer : cela implique la prévoyance, la gestion du budget, l'organisation de la vie domestique, et parfois le renoncement à des plaisirs personnels pour le bien commun.
- Veiller à la sécurité émotionnelle : offrir un environnement paisible, stable, et sécurisant où l'épouse et les enfants peuvent grandir sans crainte ni insécurité.
- Montrer de la diligence et de l'intégrité dans le travail : le mari est un témoin de Christ dans sa manière de travailler. Sa loyauté, son sérieux et sa persévérance honorent Dieu et bénéficient à sa famille.

Cependant, pourvoir ne veut pas dire que l'épouse ne peut pas contribuer. Dans Proverbes 31, la femme vertueuse participe aussi à l'économie du foyer. Mais le mari porte la responsabilité première : il est le garant devant Dieu que sa maison ne manque de rien.

Un mari négligent, paresseux ou irresponsable met sa famille en danger et désobéit au plan de Dieu. À l'inverse, un mari qui prend à cœur cette responsabilité reflète le soin fidèle de Dieu pour les siens, et bâtit un foyer stable et prospère.

Le mari a la responsabilité de travailler, d'épargner, de gérer avec sagesse les ressources du foyer. Cela ne veut pas dire qu'il doit tout faire seul, mais il doit assumer la responsabilité première de la provision.

Il doit aussi veiller à ne pas devenir esclave du travail, au détriment de sa présence familiale.

Section 2. Les responsabilités de la femme

Dans le plan divin pour le mariage, la femme occupe une place à la fois précieuse et stratégique. Dieu, dans sa sagesse, a établi une dynamique complémentaire entre l'homme et la femme, où chacun joue un rôle distinct mais également digne et indispensable. Loin d'être un rôle secondaire ou inférieur, les responsabilités de la femme sont une manifestation de la grâce, de la force et de la sagesse que Dieu a déposées en elle pour bâtir, fortifier et faire prospérer son foyer.

Malheureusement, à travers les âges, ces responsabilités ont souvent été mal comprises, déformées ou même rejetées à cause de mauvais enseignements, de traditions culturelles toxiques ou de dérives idéologiques. Il est donc crucial de revenir à la source : la Parole de Dieu, pour redécouvrir ce que signifie être une épouse selon le cœur de Dieu.

La femme chrétienne, en tant qu'épouse, n'est pas simplement une compagne, mais une aide semblable (Genèse 2 : 18), une partenaire dans l'alliance, une bâtisseuse de la maison (Proverbes 14 : 1), une influence douce mais puissante dans l'édification de son mari, de ses enfants et de tout son foyer. Ses responsabilités sont à la fois spirituelles, émotionnelles, domestiques et relationnelles. Elles exigent foi, caractère, soumission à Dieu, et une profonde maturité.

Dans cette section, nous allons explorer les principales responsabilités que Dieu confie à la femme dans le cadre du mariage, non pas pour la limiter, mais pour la déployer pleinement dans sa vocation divine. Elle découvrira qu'en marchant selon l'ordre de Dieu, elle ne perd rien de sa valeur ni de son influence, au contraire, elle manifeste la beauté du plan de Dieu dans toute sa richesse.

2.1. Respecter et honorer son mari (Ephésiens 5 : 33 ; 1 Pierre 3 : 1-2)

L'un des fondements du rôle de l'épouse, selon la Parole de Dieu, est le respect envers son mari. Ce principe est central dans la relation conjugale et s'enracine profondément dans l'ordre divin du mariage. L'apôtre Paul, après avoir exhorté les maris à aimer leurs femmes comme Christ a aimé l'Église, conclut ainsi :

> « *Que chaque homme aime sa femme comme lui-même, et que la femme respecte son mari* » (Ephésiens 5 : 33).

Le respect n'est pas une réaction à la perfection de l'homme, mais une attitude volontaire et pieuse, fondée sur l'obéissance à Dieu. Il s'agit d'un choix de cœur, un acte de foi, même lorsque le mari n'est pas à la hauteur de toutes les attentes. Le respect est un don que la femme offre à son mari, non parce qu'il le mérite toujours humainement, mais parce qu'elle veut honorer le Seigneur.

Respecter son mari, c'est :

- Reconnaître son rôle de chef dans le foyer, et ne pas chercher à le dominer ou à l'humilier, surtout en public ou devant les enfants.
- Soutenir ses décisions avec une attitude de confiance, même en exprimant ses propres idées avec douceur et sagesse.
- Parler de lui avec considération, tant en privé qu'en public, évitant les critiques, les moqueries ou les paroles blessantes.
- Lui témoigner de l'estime dans les actes quotidiens : par les paroles, les gestes, la manière de lui parler ou de le servir.

Le respect est une source de motivation et d'encouragement pour le mari. Un homme respecté par sa femme se sent valorisé, soutenu, et fortifié dans son rôle de chef. À l'inverse, un mari constamment rabaissé ou méprisé aura tendance à se retirer ou à réagir négativement, ce qui peut empoisonner l'unité du couple.

En respectant son mari, la femme chrétienne manifeste sa soumission à Christ et sa confiance dans le plan divin pour le mariage. Ce respect crée un climat de paix, de sécurité et d'honneur dans le foyer, et il ouvre la porte à une relation conjugale harmonieuse et épanouissante.

Ce respect est une attitude volontaire et pieuse, une disposition du cœur fondée sur l'obéissance à Dieu, et non une simple réponse au comportement du mari. Même lorsque ce dernier ne remplit pas pleinement son rôle, la femme est appelée à conserver une attitude de respect, non par faiblesse, mais par soumission à Dieu et confiance dans son plan.

L'apôtre Pierre va plus loin en montrant le pouvoir spirituel que peut avoir une telle attitude :

> « *Femmes, soyez de même soumises à vos maris, afin que, même si quelques-uns n'obéissent pas à la parole, ils soient gagnés sans parole par la conduite de leurs femmes, en voyant votre manière de vivre pure et respectueuse.* » (1 Pierre 3 : 1-2).

Ce texte montre que le respect et la soumission paisible de l'épouse peuvent toucher même le cœur d'un mari rebelle à Dieu. Il ne s'agit pas d'un silence passif, mais d'un témoignage puissant, sans parole, qui reflète la crainte de Dieu, la sagesse, la douceur, et la pureté. L'attitude respectueuse d'une femme peut être un instrument entre les mains du Seigneur pour transformer son mari, non par des disputes, des reproches ou des pressions, mais par une vie exemplaire.

Respecter son mari, c'est :

- Reconnaître et honorer son rôle de chef, en le soutenant dans ses responsabilités.

- Lui parler avec considération, même en désaccord, en évitant les paroles blessantes ou humiliantes.
- Valoriser sa personne, en lui témoignant de l'estime et en évitant de le rabaisser, surtout en public.
- Faire confiance à Dieu, qui voit et récompense la fidélité dans l'obéissance à Sa Parole.

Une femme respectueuse construit son foyer sur une base solide. Elle inspire la confiance, attire la bénédiction de Dieu, et favorise une atmosphère de paix et de coopération. Son influence, bien que douce et discrète, est souvent déterminante dans l'équilibre du couple et la croissance spirituelle du mari.

Même si le mari a des défauts, Dieu appelle la femme à l'aimer avec respect et foi.

2.2. Être une aide véritable (Genèse 2:18)

> *« L'Éternel Dieu dit : Il n'est pas bon que l'homme soit seul ; je lui ferai une aide semblable à lui. »*

Dans le plan divin pour le mariage, Dieu a établi la femme comme une aide véritable pour son mari. Cette expression, loin de signifier une position inférieure ou secondaire, révèle au contraire une mission noble, puissante et essentielle dans l'équilibre du couple. La femme a été créée pour compléter l'homme, le soutenir, l'encourager et l'accompagner dans sa mission.

a) Une aide voulue par Dieu

Genèse 2 : 18 déclare :

« L'Éternel Dieu dit : Il n'est pas bon que l'homme soit seul ; je lui ferai une aide semblable à lui. »

Cette décision vient de Dieu lui-même. C'est Lui qui a vu le besoin d'Adam, et c'est Lui qui a créé la femme pour y répondre. La femme est donc une réponse divine au besoin de l'homme. Elle n'est pas une option, mais un élément central du projet de Dieu pour la vie de l'homme.

Le terme hébreu utilisé pour « *aide* » dans ce passage est "*ezer*", un mot souvent utilisé dans la Bible pour parler de l'aide que Dieu lui-même apporte à son peuple (Psaume 121 : 1-2, Deutéronome 33 : 26). Cela montre que le rôle de la femme est honorable, spirituellement fort et rempli de valeur.

b) Une aide active et intelligente

Être une aide véritable ne signifie pas être passive. La femme chrétienne, selon Dieu, doit exercer ce rôle avec sagesse, discernement et amour. Elle observe les besoins de son mari, comprend ses combats, ses faiblesses, ses charges, et elle l'accompagne avec foi, prière, conseils, encouragements et parfois même correction aimante.

Proverbes 31 décrit la femme vertueuse comme une femme qui travaille de ses mains, qui veille à la bonne marche de sa maison, et qui soutient son mari dans sa position :

« *Le cœur de son mari a confiance en elle, et les produits ne lui feront pas défaut.* » (Proverbes 31:11)

Elle ne se contente pas d'exécuter des tâches domestiques : elle est active, ingénieuse, généreuse, et forte. Son aide se manifeste dans toutes les sphères de la vie commune : spirituelle, émotionnelle, matérielle, sociale.

c) Une aide loyale dans l'adversité

Être une aide véritable signifie aussi rester fidèle dans les temps difficiles. Beaucoup de couples sont ébranlés quand viennent les tempêtes : chômage, maladie, épreuves spirituelles... La femme de Dieu ne fuit pas : elle prie, elle console, elle croit avec son mari, elle le relève.

Un témoignage courant dans les ministères chrétiens est celui de femmes qui ont porté leur mari dans la prière pendant des années, parfois même avant leur conversion, jusqu'à ce que Dieu intervienne. Être une aide véritable, c'est aussi porter le fardeau de l'autre avec amour, sans se lasser, même quand l'homme semble fragile ou découragé.

d) Une aide dans la vision commune

Dieu donne souvent une vision à l'homme pour sa famille, son foyer, son service. La femme est appelée à s'approprier cette vision, à y croire, à la porter dans la prière et à y contribuer activement. Cela suppose une relation saine, un dialogue régulier et une unité d'esprit. Une femme qui soutient la vision de son mari contribue à la stabilité du foyer et à la fécondité du projet divin pour leur couple.

En résumé, la responsabilité d'être une aide véritable est un appel élevé, empreint de grâce et de puissance. Ce n'est pas de la soumission aveugle ni de la dépendance servile, mais une collaboration intime, forte, pleine de foi et de sagesse. Dans le mariage selon Dieu, la femme est un pilier, un soutien inspiré, une présence stable qui reflète le cœur même de Dieu pour l'homme.

2.3. Prendre soin du foyer avec dignité (Proverbes 14 :1 ; Proverbes 31)

> « *La femme sage bâtit sa maison, et la femme insensée la renverse de ses propres mains.* »

Prendre soin du foyer est l'une des responsabilités essentielles que Dieu a confiées à la femme dans le cadre du mariage. Ce rôle, souvent mal interprété ou dévalorisé par la société contemporaine, est en réalité noble, spirituellement riche et digne d'honneur lorsqu'il est accompli avec amour, foi et dignité.

a) Une vocation divine, non une tâche secondaire

Dès la création, Dieu a doté la femme de dons particuliers pour soutenir et édifier le cadre familial. Proverbes 14 : 1 nous dit :

> « *La femme sage bâtit sa maison, et la femme insensée la renverse de ses propres mains.* »

Prendre soin du foyer ne signifie pas simplement entretenir une maison propre ou préparer des repas. C'est bien plus profond : c'est veiller à ce que le foyer soit un lieu de paix, d'ordre, de respect et de croissance spirituelle. C'est gérer les affaires domestiques avec sagesse, amour et responsabilité, comme le fait la femme vertueuse de Proverbes 31, qui est décrite comme une intendante avisée, organisée, active et bienveillante.

b) La dignité dans le service

La dignité ne s'oppose pas au service : elle l'élève. Jésus lui-même, bien qu'étant le Maître, s'est abaissé pour laver les pieds de ses disciples (Jean 13:14-15). Il a montré que servir avec amour est une marque de grandeur. De même, lorsqu'une femme prend soin de son foyer avec respect de soi, avec ordre et avec grâce, elle glorifie Dieu à travers chaque geste du quotidien.

Il ne s'agit pas de se sentir inférieure ou asservie, mais de comprendre que ce rôle est un ministère en soi. Une femme peut être instruite, engagée professionnellement et spirituellement, tout en honorant son appel de gardienne du foyer. Le soin apporté au foyer devient alors un témoignage silencieux mais puissant de la présence de Dieu dans la maison.

c) L'exemple de la femme vertueuse

La femme de Proverbes 31 est un modèle de dignité et de force. Il est dit d'elle :

> « *Elle veille sur ce qui se passe dans sa maison, et elle ne mange pas le pain de paresse. Ses fils se lèvent et la disent heureuse, son mari aussi, et il la loue.* » (Proverbes 31 : 27-28)

Elle incarne une femme qui prend soin de son foyer non pas par contrainte, mais par engagement et avec joie. Elle inspire le respect et l'admiration de son mari et de ses enfants. Elle n'est ni négligente ni désordonnée, mais elle élève son foyer à la hauteur de son appel divin.

d) Témoignage pratique

Plusieurs femmes chrétiennes témoignent de la transformation de leur foyer lorsqu'elles ont compris l'importance de ce rôle. Une sœur raconta qu'après avoir négligé son foyer au profit de ses ambitions professionnelles, elle a vu la paix s'éloigner de sa maison. Mais en réajustant ses priorités, en prenant soin de son mari, de ses enfants et de l'atmosphère spirituelle de la maison, elle a vu le Seigneur restaurer l'harmonie familiale.

Prendre soin du foyer avec dignité, c'est aussi veiller à l'ambiance spirituelle : prier, encourager, intercéder pour chaque membre de la famille. C'est être un pilier discret mais solide, une présence apaisante, une lumière qui brille dans les petites choses.

Section 3. Responsabilités communes aux deux époux

Dans le plan divin pour le mariage, Dieu n'a pas seulement assigné des rôles distincts au mari et à la femme ; Il a également établi des responsabilités partagées, des devoirs que les deux conjoints sont appelés à assumer ensemble, dans l'unité et l'amour. Ces responsabilités communes sont le socle de l'harmonie conjugale et le reflet de la communion que Dieu désire entre les époux.

Le mariage n'est pas un lieu de compétition, mais une alliance de coopération. Le mari et la femme doivent marcher d'un même pas, dans la même direction, poursuivant les mêmes buts : honorer Dieu, s'aimer mutuellement et édifier leur foyer. Dans cette section, nous allons explorer les principales responsabilités que Dieu attend des deux époux, sans distinction de genre : la fidélité, le pardon, la communication, l'éducation des enfants, la gestion du foyer, et surtout, la croissance spirituelle commune.

Comprendre et vivre ces responsabilités communes permet non seulement de consolider l'unité du couple, mais aussi de manifester au monde l'image du Christ et de l'Église que le mariage est appelé à refléter.

1. La fidélité

La fidélité est le fondement de la confiance dans le mariage. Elle ne se limite pas à la fidélité physique, mais inclut aussi la loyauté émotionnelle, mentale et spirituelle. Les deux époux sont appelés à se garder exclusivement l'un pour l'autre, selon le vœu de leur alliance devant Dieu.

> « *Que le mariage soit honoré de tous, et le lit conjugal exempt de souillure ; car Dieu jugera les impudiques et les adultères.* » (Hébreux 13 : 4)

La fidélité implique également l'engagement à demeurer ensemble dans les épreuves, à ne pas abandonner l'autre en temps de crise, mais à persévérer dans l'amour, le respect et le soutien.

La fidélité, entre les époux, n'est possible que lorsque l'un et l'autre sont fidèles à Dieu.

Témoignage du Berger

Me trouvant à Longueuil, au Québec, en 2017, une sœur, pourtant mariée, m'avait abordé, en ces termes :

« *Elle : Berger, pourquoi, tu n'es pas venu avec ton épouse ?*

Moi : Pour deux raisons 1. Dieu ne nous l'a pas dit 2. Elle travaille. Mais pourquoi cette question, ma sœur ?

Elle : La présence de ton épouse garantirait ta fidélité à Dieu.

Moi : Ce n'est la présence de mon épouse qui garantit ma fidélité à Dieu ; c'est le Saint-Esprit.

Elle : On a vu beaucoup de pasteurs qui sont venus, ici, sans leurs femmes, tomber dans la fornication avec des sœurs dans les églises, mais toi, tu es fidèle à maman Michou.

Moi : Je ne suis pas fidèle à maman Michou.

Elle : Mais pourquoi tu ne sors pas avec d'autres femmes ?

Moi : C'est parce que je suis fidèle à Dieu. Pour ton information, je ne suis pas fidèle à maman Michou ; je suis fidèle à Dieu. Maman Michou est la première bénéficiaire de ma fidélité à Dieu. Secondement, toi et les autres femmes, vous en êtes bénéficiaires, également. »

Quelque temps après, cette sœur avait cessé de venir à nos réunions d'enseignements et de prières.

2. Le pardon

Aucun mariage n'est à l'abri des offenses ou des blessures. Mais Dieu appelle les deux conjoints à une pratique mutuelle du pardon. Le pardon ne signifie pas ignorer la faute, mais choisir de ne pas entretenir le ressentiment.

> « *Supportez-vous les uns les autres, et, si l'un a sujet de se plaindre de l'autre, pardonnez-vous réciproquement. De même que Christ vous a pardonné, pardonnez-vous aussi.* » (Colossiens 3 : 13)

Le pardon dans le couple ouvre la porte à la guérison, à la restauration, et à une intimité plus profonde. Les époux qui savent pardonner grandissent dans la maturité et renforcent leur alliance.

3. La communication

Une communication saine est essentielle à la vie conjugale. Les deux époux ont la responsabilité de parler avec vérité, douceur et respect, tout en étant à l'écoute l'un de l'autre.

> « *Que toute amertume, toute animosité, toute colère, toute clameur, toute calomnie soient bannies du milieu de vous, ainsi que toute espèce de méchanceté. Soyez bons les uns envers les autres.* » (Éphésiens 4 : 31-32)

La communication ne se limite pas à l'échange verbal : elle inclut aussi la transparence, la capacité à partager ses émotions, ses besoins, ses rêves, et à aborder les conflits sans blesser.

4. L'éducation des enfants

Quand Dieu bénit un couple par des enfants, leur éducation devient une responsabilité commune. Le père et la mère sont appelés à travailler ensemble pour former les enfants selon les voies de Dieu.

> « *Instruis l'enfant selon la voie qu'il doit suivre ; et quand il sera vieux, il ne s'en détournera pas.* » (Proverbes 22 : 6)

Cette responsabilité comprend l'enseignement des valeurs chrétiennes, la prière en famille, la discipline avec amour, et l'exemple personnel. Les enfants doivent voir dans leurs parents un modèle d'unité, de piété et d'amour.

5. La gestion du foyer

Le bon fonctionnement du foyer dépend de la collaboration des deux conjoints. Cela inclut la gestion des finances, du temps, des tâches domestiques et des décisions importantes. Il ne s'agit pas de savoir qui fait quoi, mais de chercher ensemble ce qui est juste, équilibré et efficace.

> « *Deux valent mieux qu'un, parce qu'ils retirent un bon salaire de leur travail.* » (Ecclésiaste 4 : 9)

L'unité dans la gestion du foyer évite les conflits inutiles et montre que le couple fonctionne comme une équipe, dans l'amour et le respect.

6. La croissance spirituelle

La responsabilité spirituelle du couple est de grandir ensemble dans la foi. Les époux sont appelés à prier ensemble, à méditer la Parole de Dieu, à fréquenter l'église, et à se soutenir dans leur marche avec le Seigneur.

> « *Priez sans cesse.* » (1 Thessaloniciens 5:17)

> « *Deux valent mieux qu'un [...] Et si l'un tombe, l'autre relève son compagnon.* » (Ecclésiaste 4:9-10)

La croissance spirituelle commune crée une communion profonde et fortifie le couple face aux tempêtes de la vie. C'est ensemble que les époux doivent chercher à accomplir la volonté de Dieu.

7. Par-dessus tout, honorer Dieu

Au cœur de toutes les responsabilités communes, il en est une qui les surpasse toutes : honorer Dieu ensemble. Le mariage n'est pas une fin en soi, mais un moyen d'accomplir une mission divine. Lorsque les époux vivent pour glorifier Dieu dans leur relation, ils placent leur foyer sous la bénédiction du Créateur.

> *«Soit donc que vous mangiez, soit que vous buviez, ou quoi que vous fassiez, faites tout pour la gloire de Dieu.»*
> (1 Corinthiens 10 : 31)

Honorer Dieu ensemble, c'est chercher Sa volonté dans les décisions du couple, c'est refuser le péché, c'est vivre dans l'obéissance à Sa Parole. C'est aussi témoigner de l'amour de Christ par l'unité et la sainteté du mariage. Un couple qui honore Dieu devient une lumière pour les autres et un instrument entre les mains du Seigneur.

Concluant cette section, il y a lieu de retenir :

Le mariage selon Dieu repose sur une alliance sacrée dans laquelle les responsabilités communes ne sont pas une charge, mais un privilège partagé. Lorsque les époux s'engagent à être fidèles, à pardonner, à bien communiquer, à élever leurs enfants ensemble, à gérer leur foyer avec sagesse, à grandir spirituellement, et surtout, à honorer Dieu, ils construisent un foyer solide, paisible et rempli de la présence divine.

Ce partenariat spirituel et pratique ne peut s'épanouir sans l'aide du Saint-Esprit. C'est pourquoi chaque couple chrétien est invité à dépendre quotidiennement de Dieu, à se remettre entre Ses mains, et à bâtir sur le roc qu'est Jésus-Christ. Ainsi, leur mariage ne sera pas seulement heureux, mais aussi porteur de fruits pour la gloire de Dieu.

Les responsabilités dans le mariage ne sont pas des fardeaux, mais des clés pour construire une union stable et bénie. Le mari et la femme sont appelés à refléter le caractère de Christ dans leur rôle respectif.

Lorsque chacun accepte sa mission avec foi, humilité et amour, le mariage devient un terrain de bénédiction, de croissance et de témoignage pour la gloire de Dieu.

Le mariage ne fonctionne pas tout seul : il se bâtit jour après jour, lorsque chaque époux remplit avec foi et humilité les responsabilités que Dieu lui a confiées. Lorsque le mari aime comme Christ et que la femme soutient avec sagesse, lorsque les deux prient ensemble, pardonnent et se respectent, le foyer devient un lieu de paix, d'amour et de puissance spirituelle.

Chapitre 5 : Les ennemis du mariage selon Dieu

Si Dieu a établi le mariage pour la joie, l'unité et la sainteté, alors l'ennemi de nos âmes cherche à le détruire. De nombreux foyers sont affaiblis, divisés ou brisés à cause de forces spirituelles, culturelles ou personnelles contraires à la volonté de Dieu. Il est donc essentiel d'identifier ces ennemis pour mieux les combattre avec discernement et foi.

Le mariage est une institution divine, bénie et puissante. Mais depuis le jardin d'Éden, le diable cherche à détruire ce que Dieu a uni. Il connaît le potentiel spirituel d'un couple qui marche dans l'unité, l'amour et l'obéissance.

C'est pourquoi il sème le trouble, la division, la tentation et la confusion dans les foyers.

Ce chapitre vise à exposer les principaux ennemis du mariage, afin que les époux soient équipés pour les reconnaître, les rejeter et les combattre spirituellement.

Section 1. L'égoïsme et l'orgueil

Le mariage, tel que Dieu l'a institué, repose sur l'amour, le don de soi et l'humilité. C'est une union dans laquelle chacun est appelé à chercher le bien de l'autre avant son propre intérêt. Pourtant, deux attitudes profondément enracinées dans la nature humaine viennent souvent s'opposer à cette vocation divine : l'égoïsme et l'orgueil. Ces deux péchés sont de véritables poisons pour le mariage. Ils détruisent la communication, étouffent l'amour, bloquent le pardon, et empêchent la croissance spirituelle et affective du couple.

1.1. L'égoïsme : l'amour de soi qui tue l'amour de l'autre

L'égoïsme est une concentration excessive sur soi-même, ses désirs, ses besoins et ses intérêts, au détriment de ceux de l'autre. Dans le mariage, il se manifeste par une incapacité à écouter, à donner, à faire des compromis ou à se sacrifier pour son conjoint. L'égoïste attend toujours de recevoir, mais donne très peu, et seulement quand cela lui convient.

Or, l'amour selon Dieu est l'inverse de cela. L'apôtre Paul déclare :

> « *L'amour est patient, il est plein de bonté ; l'amour n'est pas envieux ; l'amour ne se vante pas, il ne s'enfle pas d'orgueil, il ne cherche pas son intérêt, il ne s'irrite pas, il ne soupçonne pas le mal* » (1 Corinthiens 13 : 4-5, LSG).

Le modèle suprême de cet amour altruiste est Jésus-Christ, qui s'est donné lui-même pour l'Église (Éphésiens 5 : 25). Le mariage est donc un appel à renoncer à soi, pour aimer comme Christ a aimé.

L'égoïsme dans le mariage conduit à des frustrations, des disputes constantes, une absence d'attention, et parfois même au mépris. Il peut se cacher derrière des paroles comme : « *J'ai aussi mes besoins* », « *Je ne veux pas toujours faire des efforts* », « *J'ai droit au bonheur* ». Ces expressions révèlent une priorité donnée à soi-même, souvent au détriment du bien commun du couple.

1.2. L'orgueil : le refus d'être faible, le refus de servir

L'orgueil, quant à lui, est cette disposition du cœur qui refuse de reconnaître ses torts, qui méprise la correction, et qui cherche à dominer plutôt qu'à servir. Il pousse à croire qu'on a toujours raison, qu'on est supérieur à l'autre, ou que ses propres blessures valent plus que celles de son conjoint.

La Bible nous avertit que :

« *L'orgueil précède la ruine, et l'arrogance précède la chute* » (Proverbes 16 : 18).

Dans le mariage, l'orgueil empêche de demander pardon, d'accepter les critiques constructives, et de s'abaisser pour reconstruire la relation. Il nourrit la rancune, amplifie les malentendus, et brise l'intimité. Un conjoint orgueilleux peut devenir inaccessible émotionnellement, dur dans ses paroles, ou froid dans ses actions, pensant que c'est à l'autre de faire le premier pas.

L'humilité, à l'inverse, est un fondement essentiel du mariage selon Dieu. L'apôtre Paul exhorte :

> « *Revêtez-vous d'humilité les uns envers les autres ; car Dieu résiste aux orgueilleux, mais il fait grâce aux humbles* » (1 Pierre 5 : 5b).

1.3. Briser ces chaînes pour marcher selon l'Esprit

L'égoïsme et l'orgueil ne sont pas seulement des mauvaises habitudes : ce sont des ennemis spirituels, des œuvres de la chair (voir Galates 5 : 19-21). Ils doivent être crucifiés par une vie remplie du Saint-Esprit, car seul l'Esprit de Dieu peut nous apprendre à aimer véritablement, à nous donner sincèrement, et à marcher dans l'humilité.

Chaque jour, le couple chrétien est invité à faire mourir en lui l'homme charnel pour revêtir l'homme nouveau. Cela passe par :

- La prière sincère pour demander un cœur nouveau et transformé,
- La méditation de la Parole de Dieu pour que nos pensées soient renouvelées,
- L'écoute active de son conjoint, dans l'humilité et l'amour,
- Le choix délibéré de servir et non d'être servi.

> ***L'égoïsme*** *et* ***l'orgueil*** *sont incompatibles avec l'amour de Dieu. Ils menacent la paix, la croissance et la joie dans le mariage. Mais la bonne nouvelle, c'est que Dieu peut nous délivrer de ces ennemis intérieurs, si nous acceptons de nous soumettre à Son Esprit. Le chemin de la victoire passe par l'humilité, le renoncement à soi, et l'amour véritable, selon le modèle de Christ.*

Section 2. Le manque de pardon

Parmi les plus grands dangers qui menacent la solidité du mariage, le manque de pardon figure en bonne place. Il agit comme une barrière invisible qui sépare les cœurs, étouffe la communication et empêche l'amour de croître. Le mariage, étant l'union de deux personnes imparfaites, est inévitablement exposé à des fautes, des maladresses, des blessures, parfois même des trahisons. C'est pourquoi le pardon n'est pas une option : il est une nécessité.

2.1. Le pardon : fondement de toute relation durable

Le pardon est au cœur du message de l'Évangile. Dieu nous a pardonné en Jésus-Christ, non parce que nous le méritions, mais par grâce. Et c'est sur cette même base que nous sommes appelés à pardonner à notre prochain, et surtout à notre conjoint.

L'apôtre Paul écrit :

> « *Supportez-vous les uns les autres, et, si l'un a sujet de se plaindre de l'autre, pardonnez-vous réciproquement. De même que Christ vous a pardonné, pardonnez-vous aussi* » (Colossiens 3 : 13).

Dans le mariage, le pardon est un acte de foi et d'amour. C'est choisir de libérer l'autre, de renoncer à la vengeance, et de ne pas laisser l'amertume prendre racine. Sans pardon, chaque blessure s'accumule, chaque parole mal dite devient un poids, et le cœur devient dur et froid.

2.2. Le refus de pardonner : une prison intérieure

Refuser de pardonner, c'est se condamner soi-même à vivre dans la douleur et le ressentiment. Jésus a enseigné que ceux qui ne pardonnent pas aux autres ne peuvent pas eux-mêmes expérimenter pleinement le pardon de Dieu (voir Matthieu 6 : 14-15). Le manque de pardon ouvre la porte à la rancune, à l'hostilité, et parfois même à la haine.

Dans le mariage, cela se traduit par :

- Des silences pesants ou des conflits répétés,
- Des souvenirs douloureux ressassés sans cesse,
- Une distance émotionnelle croissante,
- Une incapacité à faire confiance à nouveau.

Le non-pardon peut transformer un foyer en champ de bataille, ou en désert affectif. Il donne accès à l'ennemi spirituel, qui se réjouit de diviser ce que Dieu a uni.

2.3. Pardonner ne signifie pas oublier ou excuser

Il est important de préciser que pardonner ne veut pas dire minimiser la faute ou faire comme si rien ne s'était passé. Le pardon ne nie pas la douleur. Il reconnaît le mal, mais choisit de ne pas le laisser dominer.

Pardonner, c'est dire : « *Tu m'as blessé, mais je choisis de ne pas te faire payer. Je choisis de te libérer, et de libérer mon cœur pour que Dieu le guérisse.* »

Dans certains cas, surtout lorsqu'il y a eu des blessures profondes (infidélité, mensonges répétés, abus...), le pardon peut demander du temps, de l'aide extérieure (accompagnement pastoral ou thérapeutique), et un réel processus de restauration. Mais même dans ces situations, Dieu appelle au pardon, car c'est le seul chemin vers la guérison véritable.

2.4. Le pardon : une puissance de résurrection

Le pardon peut restaurer ce qui semblait perdu. Il est une œuvre puissante de l'Esprit Saint qui ramène la vie là où la mort semblait s'installer. Plusieurs couples qui semblaient au bord de la rupture ont vu leur union renaître lorsque l'un ou l'autre a eu le courage de pardonner.

Jésus a dit à Pierre :

> « *Je ne te dis pas de pardonner jusqu'à sept fois, mais jusqu'à soixante-dix fois sept fois* » (Matthieu 18 : 22).

Cela signifie que dans le mariage, le pardon doit être continu, renouvelé, inlassable. Il ne s'agit pas d'une faiblesse, mais d'une force spirituelle qui triomphe du mal par le bien.

L'égoïsme et l'orgueil sont incompatibles avec l'amour de Dieu. Ils menacent la paix, la croissance et la joie dans le mariage. Mais la bonne nouvelle, c'est que Dieu peut nous délivrer de ces ennemis intérieurs, si nous acceptons de nous soumettre à Son Esprit. Le chemin de la victoire passe par l'humilité, le renoncement à soi, et l'amour véritable, selon le modèle de Christ.

L'égoïsme et l'orgueil sont incompatibles avec l'amour de Dieu. Ils menacent la paix, la croissance et la joie dans le mariage. Mais la bonne nouvelle, c'est que Dieu peut nous délivrer de ces ennemis intérieurs, si nous acceptons de nous soumettre à Son Esprit. Le chemin de la victoire passe par l'humilité, le renoncement à soi, et l'amour véritable, selon le modèle de Christ.

Le manque de pardon est un ennemi subtil, mais redoutable. Il détruit silencieusement les fondations du mariage. Mais grâce au Seigneur, le pardon est toujours possible. En Christ, nous avons reçu un pardon parfait, et c'est ce pardon que nous sommes appelés à refléter dans notre vie de couple.

***Pardonner**, c'est choisir l'amour, c'est choisir la liberté, c'est choisir Dieu.*

Section 3. La mauvaise communication

Dans tout mariage, la communication est l'un des piliers essentiels de l'unité, de l'intimité et de la paix. Lorsque la communication est saine, les conjoints peuvent se comprendre, se soutenir, se corriger avec amour, et avancer ensemble dans la même direction. Mais lorsque la communication devient défectueuse, c'est tout l'édifice conjugal qui est fragilisé. Une mauvaise communication est un ennemi sournois du mariage, souvent sous-estimé, mais redoutablement destructeur.

3.1. Comprendre ce qu'est la mauvaise communication

La mauvaise communication ne consiste pas seulement à dire de mauvaises choses. Elle inclut également :

- *Le manque de communication* : les conjoints ne prennent plus le temps de se parler en profondeur. Ils vivent sous le même toit, mais dans des mondes séparés.
- *La communication blessante* : les paroles sont dures, accusatrices, remplies de critiques ou d'ironie.

- *La communication confuse* : les intentions ne sont pas claires, les messages sont ambigus, ce qui entraîne des malentendus.
- *La communication manipulatrice* : l'un des conjoints utilise les mots pour contrôler, intimider ou culpabiliser l'autre.

Ces formes de communication affaiblissent la confiance, éteignent l'amour, et engendrent frustration, colère ou silence.

3.2. L'impact spirituel et émotionnel de la mauvaise communication

La parole est une puissance que Dieu a donnée à l'être humain pour construire, bénir, guérir. Mais mal utilisée, elle devient un outil de destruction.

La Bible dit :

« *La mort et la vie sont au pouvoir de la langue* » (Proverbes 18 : 21).

Dans le couple, chaque mot compte. Une parole douce peut apaiser une tempête ; une parole dure peut allumer un incendie.

Lorsque les conjoints cessent de bien se parler, ils s'éloignent émotionnellement. La solitude s'installe, suivie souvent par l'incompréhension, la suspicion ou le découragement. Les blessures verbales non guéries laissent des cicatrices durables. Et si ce problème n'est pas corrigé à temps, il ouvre la porte à d'autres ennemis du mariage, comme le ressentiment, l'infidélité ou le mépris.

3.3. Le modèle biblique d'une communication saine

La Parole de Dieu nous offre des principes puissants pour transformer notre manière de parler et d'écouter. Voici quelques clés :

- Parler avec amour et vérité :

> «*Mais que, professant la vérité dans la charité, nous croissions à tous égards en celui qui est le chef, Christ.*» (Éphésiens 4 : 15)

Cela signifie dire la vérité, mais avec douceur et dans un esprit de paix, non de jugement.

- Être prompt à écouter et lent à parler :

> « *Que chacun soit prompt à écouter, lent à parler, lent à se mettre en colère* » (Jacques 1 : 19).

L'écoute active est l'un des plus grands signes d'amour. Trop souvent, les époux parlent pour répondre, au lieu d'écouter pour comprendre.

- Éviter les paroles corrompues :

> « *Qu'il ne sorte de votre bouche aucune parole mauvaise, mais, s'il y a lieu, quelque bonne parole, qui serve à l'édification et communique une grâce à ceux qui l'entendent.* » (Ephésiens 4 : 29)

Nos paroles doivent édifier, encourager, guérir — non abattre, ridiculiser ou mépriser.

3.4. Restaurer une communication brisée

La bonne nouvelle, c'est que même une communication brisée peut être restaurée. Voici quelques étapes concrètes :

1. *Demander pardon pour les paroles blessantes* : reconnaître ses fautes avec sincérité.
2. *Créer des temps de dialogue réguliers* : instaurer des moments sans distraction pour parler de ce que chacun vit, ressent, espère.
3. *Apprendre à exprimer ses émotions avec respect* : dire « *je ressens* » plutôt que « *tu fais toujours* » ou « *tu ne fais jamais* ».
4. *Faire de la prière un moment de communication spirituelle :* prier ensemble permet de reconnecter les cœurs devant Dieu.
5. *Chercher de l'aide si nécessaire* : un conseiller chrétien, un couple pastoral ou un mentor peut aider à rétablir une communication saine.

> *La mauvaise communication est une brèche que l'ennemi utilise pour diviser les couples. Elle détruit lentement mais sûrement l'unité, la paix et l'amour. Mais en revenant aux principes divins, l'écoute, la vérité, la douceur, la prière, le couple peut réapprendre à se parler avec grâce, et ainsi fortifier son alliance. Que chaque époux fasse de sa langue un instrument de vie, et non d'oppression, pour que la gloire de Dieu se manifeste dans le foyer.*

Section 4. L'infidélité et les tentations sexuelles

Parmi les ennemis les plus destructeurs du mariage, l'infidélité et les tentations sexuelles occupent une place redoutable. Ces péchés, s'ils ne sont pas combattus avec vigilance et foi, peuvent briser la confiance, souiller l'alliance conjugale, et détruire la cellule familiale. Ils ne sont pas seulement des actes extérieurs : ils commencent souvent dans le cœur, dans les pensées, dans les regards, bien avant de se manifester dans les gestes.

Dans une société de plus en plus permissive, sexualisée, et hostile aux valeurs bibliques, le couple chrétien doit se prémunir contre les séductions subtiles de l'ennemi, qui cherche à détruire ce que Dieu a uni.

4.1. L'infidélité : une trahison de l'alliance

L'infidélité, qu'elle soit physique, émotionnelle ou virtuelle, est une brisure de l'alliance de fidélité faite devant Dieu. Elle viole le vœu sacré du mariage, détruit la confiance, et blesse profondément le conjoint.

La Parole de Dieu est sans équivoque :

> « *Que le mariage soit honoré de tous, et le lit conjugal exempt de souillure, car Dieu jugera les impudiques et les adultères.* » (Hébreux 13 : 4)

L'adultère n'est pas simplement une erreur : c'est un péché grave aux conséquences spirituelles, émotionnelles et parfois même physiques. Il génère des blessures profondes, souvent difficiles à guérir sans un véritable processus de repentance, de pardon, et de restauration.

Mais il est important de noter que l'infidélité ne commence pas au lit. Elle peut commencer par un échange de messages ambigus, un attachement émotionnel à une autre personne, des pensées nourries en secret, ou un regard insistant. Jésus lui-même a dit :

> « *Quiconque regarde une femme pour la convoiter a déjà commis un adultère avec elle dans son cœur.* » (Matthieu 5 : 28)

4.2. Les tentations sexuelles : un combat à ne pas négliger

Même dans le mariage, les tentations sexuelles existent. L'ennemi utilise des images, des situations, des rencontres et même des frustrations conjugales pour semer le désir d'aller chercher ailleurs ce que l'on ne reçoit plus à la maison. Cela peut prendre plusieurs formes :

- La pornographie, qui pervertit le regard et crée une fausse image de la sexualité,
- Les réseaux sociaux, où les contacts anciens ou nouveaux peuvent devenir des pièges,
- Les environnements professionnels ou amicaux non surveillés,
- Les insatisfactions sexuelles ou affectives au sein du couple.

Il est donc indispensable pour chaque époux de rester vigilant, de nourrir une vie spirituelle saine, et de rester connecté affectivement et sexuellement à son conjoint.

L'apôtre Paul écrit :

> « *Ne vous privez point l'un de l'autre, si ce n'est d'un commun accord pour un temps, afin de vaquer à la prière; puis retournez ensemble, de peur que Satan ne vous tente par votre incontinence.* » (1 Corinthiens 7 : 5)

Ce passage montre clairement que le mariage est aussi un lieu de protection contre les tentations sexuelles, lorsqu'il est vécu dans l'amour, le respect et la générosité.

4.3. Les conséquences de l'infidélité

L'infidélité n'est jamais sans conséquences. Même lorsqu'elle est cachée pendant un temps, elle finit par empoisonner la relation. Ses effets sont nombreux :

- Brisure de la confiance, difficile à restaurer,
- Souffrances émotionnelles, parfois comparables à un deuil,
- Culpabilité spirituelle,
- Perturbation des enfants, s'il y a lieu,
- Risque de divorce ou de séparation,
- Obstacle à la communion avec Dieu, car l'adultère est un péché grave.

Dieu peut pardonner, restaurer, rebâtir. Mais cela nécessite une repentance sincère, un abandon réel de la mauvaise voie, et un profond travail de réconciliation avec le conjoint blessé.

4.4. Prévenir l'infidélité : bâtir un mur de protection

Plutôt que d'attendre la catastrophe, chaque couple chrétien est appelé à bâtir des murs de protection autour de leur union. Voici quelques principes concrets :

1. Nourrir l'intimité conjugale : spirituellement, émotionnellement et physiquement.
2. Éviter les relations ambiguës avec des personnes du sexe opposé.
3. Être transparent sur ses communications (messages, réseaux sociaux, appels...).
4. Prendre garde à son regard, à ses pensées et à ses désirs.
5. Prendre du temps ensemble régulièrement : discuter, prier, partager des moments de qualité.
6. Chercher l'aide rapidement dès qu'un trouble, un manque ou une tentation devient persistant.

La fidélité n'est pas le fruit du hasard. Elle est le fruit d'un engagement renouvelé chaque jour, devant Dieu et devant son conjoint.

L'infidélité et **les tentations sexuelles** *sont des ennemis redoutables du mariage. Mais Dieu, dans sa fidélité, donne à ceux qui le craignent les armes pour vaincre. La fidélité conjugale est une manifestation de la sainteté, de l'amour et de la crainte de Dieu. Elle est possible, non par la force humaine, mais par la puissance du Saint-Esprit. Que chaque couple chrétien s'engage à honorer son alliance, à résister au mal, et à marcher dans la pureté, pour la gloire de Dieu et le bonheur de leur foyer.*

Section 5. L'influence du monde et des mauvaises compagnies

Le mariage chrétien est une institution divine, fondée sur les principes de la Parole de Dieu. Mais il évolue dans un monde qui, dans sa majorité, rejette ces principes. L'un des ennemis souvent négligés du mariage est l'influence subtile du monde et des mauvaises compagnies. Ces influences peuvent déformer la perception que l'on a du mariage, semer le doute, affaiblir les convictions, et pousser les conjoints à faire des choix contraires à la volonté de Dieu.

L'Écriture nous exhorte à la vigilance :

> « *Ne vous conformez pas au siècle présent, mais soyez transformés par le renouvellement de l'intelligence* » (Romains 12 : 2).

5.1. Un monde en rébellion contre les valeurs du mariage

Le monde propose une vision du mariage centrée sur le plaisir, la liberté personnelle et l'indépendance, loin des valeurs bibliques.

Les médias, les films, les séries et certains cercles d'amis peuvent influencer négativement la manière de voir son époux ou son épouse.

Le couple chrétien doit filtrer les influences et s'entourer de personnes spirituellement matures et équilibrées (Psaume 1 : 1).

Le monde moderne promeut des idées contraires aux fondements bibliques du mariage :

- *Individualisme* : « Pense à toi d'abord. »
- *Tolérance du divorce facile* : « S'il ne te rend plus heureuse, quitte-le. »
- *Promiscuité sexuelle* : « Tant que tu es satisfait, c'est le principal. »
- *Rejet de l'autorité divine* : « Chacun définit sa propre vérité. »

Ces idées sont martelées dans les films, les séries, les réseaux sociaux, les discussions populaires. Elles paraissent séduisantes, libératrices, mais elles mènent à la confusion, au vide, et souvent à la destruction des couples. Si un croyant ne renouvelle pas son intelligence dans la Parole de Dieu, il risque de laisser ces mentalités s'infiltrer dans sa manière de penser et de vivre son mariage.

> « *Car tout ce qui est dans le monde – la convoitise de la chair, la convoitise des yeux et l'orgueil de la vie – ne vient pas du Père, mais vient du monde.* » (1 Jean 2 : 16)

5.2. Le danger des mauvaises compagnies

La Bible est claire sur le fait que nos fréquentations influencent notre comportement :

> « *Ne vous y trompez pas : les mauvaises compagnies corrompent les bonnes mœurs.* » (1 Corinthiens 15 : 33)

Dans le cadre du mariage, cela signifie que les personnes avec qui l'on passe du temps peuvent :

- Dénigrer ou mépriser notre conjoint,
- Encourager des attitudes irresponsables ou infidèles,
- Ridiculiser les principes chrétiens,
- Soutenir la fuite plutôt que la réconciliation.

Un mari qui passe du temps avec des amis infidèles, violents ou grossiers risque d'imiter, même inconsciemment, leur comportement. Une épouse influencée par des femmes amères ou méprisantes envers les hommes peut elle aussi développer des attitudes nocives.

Il est donc essentiel pour les conjoints de choisir avec sagesse leurs fréquentations, de s'entourer de personnes qui aiment Dieu, respectent le mariage et peuvent les encourager dans leur foi.

5.3. Résister à l'influence du monde : une vigilance active

Le chrétien ne peut pas se couper du monde, mais il est appelé à ne pas se laisser modeler par lui. Pour cela, plusieurs attitudes sont nécessaires :

1. S'ancrer dans la Parole de Dieu : c'est elle qui renouvelle la pensée et éclaire les décisions.
2. Filtrer les contenus consommés : musiques, films, réseaux… influencent plus qu'on ne le pense.
3. S'entourer de couples chrétiens solides : pour échanger, prier, apprendre et s'encourager mutuellement.
4. Prendre garde aux conseils du monde : ils sont souvent séduisants mais non fondés sur la vérité divine.
5. Faire de Dieu l'arbitre de chaque décision conjugale, et non les opinions extérieures.

> *Le mariage selon Dieu est une œuvre d'amour, mais aussi de vigilance. Le diable ne craint pas les mariages heureux, mais les mariages spirituels et solides. C'est pourquoi chaque couple doit identifier, refuser et combattre avec foi tout ce qui menace son unité. Avec l'aide du Saint-Esprit, les ennemis du mariage peuvent être vaincus.*

Section 6. L'absence de prière et de vie spirituelle

Le mariage chrétien ne se construit pas seulement sur l'amour humain, les sentiments ou la bonne volonté. Il repose avant tout sur une fondation spirituelle solide. Quand un couple cesse de prier ensemble, de chercher Dieu ensemble, et d'alimenter sa vie spirituelle, il devient vulnérable aux attaques de l'ennemi. L'absence de prière et de vie spirituelle n'est pas seulement une négligence : c'est une brèche ouverte dans la protection du foyer.

6.1. La prière : lien vital entre Dieu et le couple

La prière dans le mariage est bien plus qu'un exercice religieux. C'est un moyen de communion avec Dieu et entre les conjoints. Prier ensemble permet :

- D'unir les cœurs devant Dieu,
- De se placer sous l'autorité divine,
- De recevoir la sagesse pour les décisions quotidiennes,
- De désamorcer les conflits par la grâce,
- De garder l'humilité dans les moments de tension.

Lorsque la prière disparaît, l'orgueil prend la place, les émotions dominent, et le couple commence à marcher par la chair plutôt que par l'Esprit.

> « *Veillez et priez, afin que vous ne tombiez pas en tentation ; l'esprit est bien disposé, mais la chair est faible.* » (Matthieu 26 : 41)

Dans un mariage, sans la prière, les faiblesses humaines prennent le dessus : colère, incompréhension, rancune, tentation, dureté… Et l'amour peu à peu s'étouffe.

6.2. Les conséquences de l'absence de vie spirituelle

Lorsqu'un couple cesse de cultiver sa vie spirituelle ensemble, plusieurs conséquences apparaissent :

- Affaiblissement de la communion : chacun suit son propre chemin, sans unité spirituelle.
- Diminution de la patience et de la grâce : les réactions deviennent charnelles.
- Perte de vision commune : les époux ne marchent plus dans la même direction spirituelle.
- Manque de discernement dans les décisions : on se laisse guider par les circonstances, les émotions, ou les pressions extérieures.
- Ouverture aux influences mondaines : sans ancrage biblique, le couple adopte peu à peu les pensées du monde.

La vie spirituelle, lorsqu'elle est négligée, affaiblit les défenses du couple et le rend vulnérable aux attaques de l'ennemi.

> « *Si l'Éternel ne bâtit la maison, ceux qui la bâtissent travaillent en vain.* » (Psaume 127 : 1)

6.3. Restaurer la vie de prière dans le couple

Il n'est jamais trop tard pour rallumer le feu spirituel dans un foyer. Dieu attend avec joie le retour d'un couple qui veut se remettre entre ses mains. Voici quelques pistes concrètes pour restaurer la prière :

- Commencer simplement : prier quelques minutes ensemble chaque jour, même si ce n'est qu'un Notre Père ou une prière libre.
- Lire un passage biblique ensemble et échanger dessus.
- Prendre un moment hebdomadaire pour prier pour le foyer, les enfants, les projets, les défis.
- Se confier spirituellement l'un à l'autre, partager ses luttes et ses besoins devant Dieu.
- Jeûner ensemble pour des sujets importants, et demander l'intervention de Dieu.

Ce ne sont pas des actes religieux, mais des gestes de foi et d'amour qui renforcent la communion spirituelle du couple.

6.4. L'homme et la femme, co-responsables de la vie spirituelle du foyer

Il est important de comprendre que les deux conjoints ont un rôle à jouer dans la dynamique spirituelle du foyer :

- Le mari est appelé à être le leader spirituel, en guidant sa maison dans la prière, l'obéissance à Dieu, et l'amour.
- L'épouse, quant à elle, soutient, encourage, et participe activement à cette vie spirituelle. Elle peut être une sentinelle de prière pour sa maison, et une source de douceur et de sagesse.

Le mariage n'est pas un partenariat seulement horizontal, entre deux personnes : c'est une alliance à trois, avec Dieu au centre.

Conclusion

L'absence de prière et de vie spirituelle est un ennemi silencieux mais dévastateur du mariage. Elle prive le couple de la force divine, de la paix, de la sagesse et de l'unité. Mais Dieu, dans sa grâce, se tient toujours prêt à restaurer ce qui a été négligé. Il suffit de revenir à Lui, de manière sincère et constante. Un couple qui prie ensemble bâtit sa maison sur le roc, et aucune tempête ne pourra la renverser.

Le mariage est un champ de bataille autant qu'un lieu de bénédiction. Pour le protéger, il faut connaître ses ennemis et se battre avec les armes spirituelles que Dieu nous donne : l'amour, le pardon, la prière, la vérité et la vigilance.

Un couple qui veille, qui prie et qui reste uni dans l'humilité peut surmonter toutes les attaques. Car ce que Dieu a uni, l'enfer ne pourra le détruire, si les époux tiennent bon ensemble, avec Lui.

Chapitre 6 : Le rôle de la prière dans le mariage selon Dieu

Le mariage est une aventure magnifique, mais aussi un chemin semé de défis. Même lorsque deux personnes s'aiment sincèrement, elles se heurteront tôt ou tard à des différences, à des blessures, à des saisons d'épreuve. C'est pourquoi Dieu, dans sa sagesse parfaite, n'a jamais voulu que le couple marche seul. Il a voulu demeurer au centre du mariage, comme une présence constante, une force invisible, un conseiller fidèle.

Et c'est par la prière que cette présence s'active, que cette communion se renforce, et que le mariage s'ancre solidement dans la volonté divine.

La prière dans le mariage n'est pas un luxe spirituel réservé aux couples fervents. C'est une nécessité. C'est le souffle qui maintient le feu allumé. C'est le lien invisible qui unit les cœurs devant Dieu. C'est l'arme puissante qui défend le foyer contre les attaques de l'ennemi.

Quand un homme et une femme s'unissent dans la prière, ils élèvent ensemble un autel pour Dieu au sein de leur maison. Ils reconnaissent leur dépendance à Celui qui les a unis. Ils puisent la sagesse pour leurs décisions, la grâce pour supporter leurs différences, la force pour persévérer dans l'épreuve, et l'amour pour se pardonner et se relever.

Combien de foyers aujourd'hui souffrent non pas par manque d'amour, mais par absence d'intimité spirituelle ? Combien de conflits durent parce que l'on ne prie plus ensemble ?

Combien de couples s'éloignent l'un de l'autre parce qu'ils se sont éloignés de Dieu ?

Dans ce chapitre, nous allons découvrir le rôle central que joue la prière dans un mariage selon Dieu. Nous verrons comment elle unit, fortifie, protège et transforme. Nous verrons aussi comment reprendre une vie de prière lorsque celle-ci a été négligée. Et surtout, nous apprendrons à bâtir un mariage où Dieu n'est pas un spectateur, mais le fondement vivant de l'union.

Que le Saint-Esprit vous accompagne dans cette lecture, qu'il ravive en vous le désir d'un mariage centré sur Christ, et qu'il vous aide à faire de votre foyer une maison de prière, pour la gloire de Dieu.

> « *Si deux d'entre vous s'accordent sur la terre pour demander une chose quelconque, elle leur sera accordée par mon Père qui est dans les cieux. Car là où deux ou trois sont assemblés en mon nom, je suis au milieu d'eux.* » (Matthieu 18 : 19-20)

Section 1. La prière unit les cœurs

L'un des dons les plus précieux que Dieu a offerts aux couples mariés, c'est la prière. Elle n'est pas seulement un moyen de communication avec Dieu, mais aussi un pont sacré qui unit les cœurs des époux.

Dans un monde où tant de couples se laissent emporter par le tourbillon des préoccupations, des malentendus et des blessures non guéries, la prière devient un lien surnaturel qui restaure, fortifie et aligne deux cœurs sur la même fréquence : celle de l'amour de Dieu.

Le mariage est une alliance sacrée, un lien entre deux êtres appelés à ne faire qu'un (Genèse 2 : 24). Mais cette unité n'est pas simplement physique ou émotionnelle : elle est avant tout spirituelle. Et c'est dans la prière que cette unité trouve sa profondeur, sa force et sa durabilité. La prière est ce fil invisible qui relie les âmes et les tisse dans l'amour divin. Elle est l'aurore d'un mariage selon Dieu : le commencement d'une lumière qui éclaire le chemin conjugal.

1.1. La prière crée une intimité spirituelle profonde

La communion spirituelle est la forme la plus profonde d'unité dans le couple. Prier ensemble, c'est se tenir côte à côte devant le Créateur, dans un même souffle, dans un même élan. C'est déposer ensemble son cœur, ses rêves, ses peurs et ses faiblesses devant le trône de grâce.

Quand un mari et une femme s'agenouillent ensemble, ils ne regardent plus leurs défauts mutuels ; ils fixent les yeux sur Dieu. Et là, dans cette posture d'humilité partagée, le Saint-Esprit œuvre à unir leurs cœurs. L'intimité ne se limite plus à l'échange des mots ou des gestes : elle devient communion dans l'Esprit.

> « *Car là où deux ou trois sont assemblés en mon nom, je suis au milieu d'eux.* » (Matthieu 18 : 20)

Dans la prière, Dieu habite au milieu du couple. Et Sa présence transforme l'ordinaire en sacré.

1.2. La prière désarme l'orgueil et ouvre au pardon

La prière est un lieu de vérité. On ne peut pas prier sincèrement sans être confronté à soi-même. Dans la prière, le Saint-Esprit révèle les attitudes à corriger, les paroles blessantes à reconnaître, les cœurs endurcis à attendrir.

Combien de blessures non guéries, de conflits prolongés, de malentendus auraient pu être évités ou guéris si les époux s'étaient arrêtés pour prier ensemble ? La prière désarme l'orgueil et donne accès à la grâce du pardon. Elle enseigne à aimer comme Dieu aime : sans condition, sans réserve.

Quand on prie pour son conjoint, on cesse de le juger. On commence à le voir comme Dieu le voit. On intercède pour lui, on le bénit, et nos paroles deviennent une source de vie.

1.3. La prière aligne les cœurs sur la volonté de Dieu

Deux personnes peuvent s'aimer sincèrement mais être en désaccord sur des choix importants. La prière devient alors un terrain de rencontre, non pas pour imposer sa volonté à l'autre, mais pour rechercher ensemble la volonté de Dieu.

Elle est une boussole commune. Elle empêche le couple d'avancer chacun de son côté. Elle aligne les cœurs sur le même cap, celui du royaume de Dieu et de Sa justice.

> « *Fais de l'Éternel tes délices, et il te donnera ce que ton cœur désire.* » (Psaume 37 : 4)

Dans la prière, les désirs du cœur sont purifiés, et les projets du couple sont filtrés par la sagesse divine. Il n'y a pas de plus belle unité que celle née de la soumission commune à la volonté du Père.

1.4. La prière nourrit l'amour et renforce la paix

Dans un monde troublé, la prière est un refuge. Un couple qui prie ensemble développe une paix intérieure qui le protège des tempêtes extérieures. La prière renouvelle les forces, calme les inquiétudes, éteint les tensions.

L'amour conjugal n'est pas un feu qui s'entretient tout seul. Il a besoin d'être alimenté. Et la prière est l'un des meilleurs combustibles. Chaque moment passé ensemble dans la présence de Dieu renforce les liens, approfondit l'affection et crée une atmosphère de paix durable.

> « *Et que la paix de Christ, à laquelle vous avez été appelés pour former un seul corps, règne dans vos cœurs.* » (Colossiens 3 : 15)

La paix de Dieu règne là où la prière est constante. Et cette paix devient le ciment d'une union solide.

1.5. La prière crée une vision commune

Un couple qui prie ensemble développe une vision partagée de sa vie, de ses projets, de sa mission. Prier, c'est écouter Dieu ensemble, recevoir Ses orientations, Ses avertissements, Ses encouragements. C'est dans la prière que l'unité de direction naît. Sans elle, chacun risque de poursuivre sa propre voie, ses propres rêves. Mais dans la prière, les époux apprennent à s'accorder avec Dieu et entre eux.

Unis dans la prière, ils apprennent à chercher premièrement le royaume de Dieu et Sa justice (Matthieu 6.33), ce qui les garde de l'égoïsme et de la compétition. Ils deviennent partenaires dans l'obéissance à Dieu, dans l'éducation des enfants, dans les choix de vie importants. La prière les rend sensibles à la voix de Dieu, et sensibles aussi l'un à l'autre.

Conclusion : Un chemin d'unité à cultiver

L'unité dans le mariage ne s'improvise pas, elle se cultive. Et la prière en est la clef. Elle n'est pas réservée aux moments de crise ou aux besoins pressants. Elle est le souffle quotidien de la vie conjugale. Une respiration à deux, dans le rythme du cœur de Dieu.

Le dicton dit : «*Le couple qui prie ensemble, reste ensemble.*» Ce n'est pas un simple slogan, mais une vérité spirituelle. La prière est une force d'unité puissante. Elle scelle les cœurs dans l'amour, le pardon, la patience et la persévérance. Elle n'élimine pas tous les problèmes, mais elle donne au couple les ressources pour les affronter ensemble, main dans la main, cœur à cœur, sous le regard bienveillant du Père.

Si vous êtes mariés, faites de la prière un pilier de votre relation. Priez le matin avant de commencer la journée. Priez le soir avant de vous endormir. Priez dans la joie, dans la peine, dans l'incertitude. Et vous verrez comment Dieu vous rapprochera l'un de l'autre, dans une communion plus profonde que tout ce que le monde peut offrir.

Priez ensemble. Même quelques minutes par jour. Commencez simplement. Soyez sincères. Laissez Dieu faire le reste. Car c'est dans la prière que les cœurs se rejoignent vraiment, que l'amour s'approfondit, et que le mariage devient un reflet du ciel sur la terre.

Section 2. La prière protège le mariage des attaques spirituelles

Le mariage selon Dieu n'est pas seulement une union humaine ; c'est une alliance spirituelle, un mystère puissant qui reflète l'union entre Christ et l'Église (Éphésiens 5 : 32). Et parce qu'il s'agit d'un projet divin, il devient naturellement la cible des attaques de l'ennemi. Satan hait ce que Dieu a institué. Il déteste l'unité, l'amour vrai, la fidélité, et encore plus quand deux croyants s'unissent pour glorifier Dieu dans leur foyer. Voilà pourquoi la prière est non seulement un soutien, mais une véritable protection spirituelle du mariage.

2.1. Un combat invisible mais réel

L'apôtre Paul nous enseigne que :

> « *nous n'avons pas à lutter contre la chair et le sang, mais contre les dominations, contre les autorités, contre les princes de ce monde de ténèbres…* » (Ephésiens 6 : 12).

Ce combat invisible peut prendre la forme de malentendus répétés, de tentations extérieures, de refroidissement dans l'amour, de distractions spirituelles ou d'orgueil blessé. Si les époux ne veillent pas, ces petites brèches peuvent devenir de véritables portes ouvertes à la division.

Mais dans la prière, nous plaçons notre mariage sous la garde de Dieu. Nous invoquons la présence du Saint-Esprit dans notre foyer. Nous demandons le discernement, la sagesse et la paix. La prière devient alors notre armure spirituelle, notre muraille contre les flèches de l'ennemi.

2.2. Prier, c'est prendre position

Quand un mari et une femme prient ensemble, ils ne se contentent pas d'exprimer leurs besoins à Dieu : ils prennent position spirituellement pour défendre leur foyer. Ils proclament que leur alliance est sous l'autorité de Christ, qu'elle ne sera pas brisée par les séductions, les offenses, ni les circonstances.

> « *La mort et la vie sont au pouvoir de la langue; Quiconque l'aime en mangera les fruits.* » (Proverbes 18 : 21)

La prière est aussi un acte de foi. Elle dit à Dieu : « Seigneur, nous ne savons peut-être pas comment régler tel conflit, mais nous venons à Toi ensemble, comme un seul cœur, pour que Ta volonté soit faite. » Une telle attitude désarme les plans de l'ennemi. Là où le diable veut diviser, la prière unit. Là où il veut instaurer la peur, la prière fait entrer la paix de Dieu.

2.3. La prière libère les armes spirituelles

Dans la prière, le couple peut utiliser les armes spirituelles que Dieu a mises à notre disposition : la Parole de Dieu, les promesses bibliques, le jeûne, la louange. Il ne s'agit pas de réciter des prières mécaniques, mais de parler à Dieu avec foi, avec sincérité, en s'appuyant sur la vérité, qui est la parole de Dieu.

> « *C'est pourquoi, prenez toutes les armes de Dieu, afin de pouvoir résister dans le mauvais jour, et tenir ferme après avoir tout surmonté.* » (Ephésiens 6 : 13)

Un couple qui prie ensemble régulièrement ferme les portes à l'amertume, au non-pardon, à la rancune. En priant, les époux sont transformés : leurs cœurs s'adoucissent, leurs intentions sont purifiées, et leurs pensées alignées sur celles de Dieu.

Témoignage du Berger

Je me souviens d'un couple qui venait souvent me voir, découragé par des disputes incessantes. Ils avaient tout essayé : le dialogue, le silence, même le conseil conjugal. Mais rien ne semblait suffisant. Un jour, je leur ai posé une simple question : « Priez-vous ensemble ? » Leur silence m'a répondu. Ils ont décidé ce jour-là de commencer chaque journée avec dix minutes de prière en couple. En quelques semaines, le climat de leur maison avait changé. Non pas parce que les problèmes avaient tous disparu, mais parce que Dieu avait repris Sa place au centre de leur union.

Bien-aimés, n'attendons pas que les tempêtes arrivent pour prier. Prier ensemble, c'est anticiper, c'est veiller, c'est fortifier les fondations du mariage. Jésus a dit : « Veillez et priez, afin que vous ne tombiez pas en tentation » (Matthieu 26 : 41).

Cette recommandation s'adresse aussi aux couples. Veillez et priez, car votre mariage est précieux aux yeux de Dieu, et Il désire le protéger de toute attaque. Mettez votre union sous le couvert de Sa puissance, et vous verrez Sa fidélité vous entourer comme un bouclier.

Section 3. La prière favorise la guérison et le pardon

Le mariage n'unit pas deux personnes parfaites, mais deux êtres humains marqués par des blessures, des défauts, des limites et la différence de cultures. Même les couples les plus solides connaissent des moments de tension, de blessure, de déception. C'est dans ces moments-là que la prière devient un canal divin de guérison et de pardon, là où les mots ne suffisent plus, là où le cœur seul ne parvient plus à se relever.

3.1. La prière guérit les cœurs blessés

Dans la vie conjugale, il arrive que des paroles blessantes soient prononcées, que des attitudes froides ou des incompréhensions laissent des cicatrices invisibles. L'amour humain, aussi sincère soit-il, ne suffit pas toujours pour apaiser ces blessures. Mais la prière, elle, nous connecte à Celui qui guérit parfaitement : Jésus-Christ, le médecin des âmes.

Lorsque les époux viennent devant Dieu ensemble, avec humilité et vérité, Il commence une œuvre de restauration profonde. Le psalmiste déclare :

> « *Il guérit ceux qui ont le cœur brisé, et Il panse leurs blessures* » (Psaume 147 : 3).

Ce verset s'applique pleinement au mariage. Prier, c'est exposer à Dieu nos cœurs meurtris, nos douleurs intimes, nos frustrations accumulées. Et Dieu, dans Son amour, vient restaurer ce que l'orgueil ou la douleur avaient cassé.

3.2. La prière ouvre la porte au pardon

Le pardon dans le mariage est vital. Sans lui, le couple devient une prison de rancune, de silence pesant, de souvenirs douloureux. Mais pardonner n'est pas toujours facile. Il ne suffit pas de dire « je te pardonne » ; parfois, l'émotion reste, la pensée tourne en boucle, la blessure persiste. C'est là que la prière intervient : elle rend possible ce que nos forces humaines ne peuvent accomplir.

Lorsque nous prions, nous plaçons notre propre cœur devant Dieu. Nous reconnaissons nos torts, nous demandons la grâce de relâcher l'offense. La prière brise les chaînes de l'amertume, et elle nous rappelle combien nous-mêmes avons été pardonnés par Dieu.

Jésus a dit :

« *Si vous pardonnez aux hommes leurs offenses, votre Père céleste vous pardonnera aussi* » (Matthieu 6 : 14).

Un couple qui prie ensemble apprend à se pardonner comme Christ a pardonné : librement, pleinement, sans condition.

3.3. Prier ensemble favorise la réconciliation

Il y a des moments dans le couple où les discussions ne résolvent rien, où l'émotion bloque la communication. Dans ces instants, une simple prière peut rétablir le lien.

> *Se tenir ensemble devant Dieu, même en silence, même avec des larmes, est un acte puissant. Il témoigne que, malgré la blessure, on choisit de ne pas se séparer. On choisit Dieu, on choisit l'unité, on choisit la grâce.*
>
> *Souvent, après une prière sincère, les barrières tombent. L'orgueil cède la place à la compassion. L'esprit s'apaise, et les cœurs s'ouvrent de nouveau. Ce n'est pas une formule magique, mais une dynamique spirituelle réelle : Dieu agit là où deux cœurs se tournent ensemble vers Lui.*

Témoignage du Berger

Je me souviens d'une épouse qui portait depuis des années une blessure due à une infidélité passée. Bien qu'elle ait dit avoir pardonné, la douleur ressortait régulièrement, provoquant des disputes. Un jour, elle a accepté de prier avec son mari, juste pour confier à Dieu sa douleur. Ce jour-là, dans la prière, elle a pleuré devant Dieu comme jamais auparavant. Son mari aussi a pleuré. Ils ont alors compris que seul Dieu pouvait leur donner une paix véritable. Depuis ce moment, une guérison profonde a commencé, et aujourd'hui, ils témoignent de la puissance du pardon restauré par la prière.

La prière dans le mariage n'est pas réservée aux temps de joie ou de projets. Elle est aussi l'endroit sacré où les cœurs brisés peuvent se réparer, où le pardon peut renaître, où l'amour peut être renouvelé.

Si vous traversez une saison difficile dans votre couple, n'abandonnez pas la prière.

C'est souvent là, dans le secret de la prière, que Dieu fait naître les plus beaux miracles de réconciliation.

Ne laissez pas la douleur diviser ce que Dieu a uni. Priez, et laissez le Seigneur guérir et restaurer votre alliance.

Section 4. La prière fortifie la vision et les projets du couple

Un couple sans vision est comme un bateau sans boussole. Il peut voguer un temps, mais finira tôt ou tard par s'égarer, faute de direction claire. Dans le plan de Dieu, le mariage n'est pas seulement une relation affective ou une structure sociale : c'est une alliance portée par une mission, nourrie par une vision divine. Et cette vision ne peut s'établir ni s'accomplir sans la prière.

La prière est le lieu où le couple vient chercher la pensée de Dieu pour sa vie commune, son avenir, ses décisions. C'est dans la prière que la vision se reçoit, s'affermit, et s'ajuste selon la volonté de Dieu.

4.1. La prière unit les cœurs autour d'une même direction

Il est possible qu'un mari ait une ambition, que l'épouse ait un rêve, mais que les deux marchent dans des directions opposées. C'est pourquoi la prière commune est essentielle : elle permet aux époux de confronter leurs désirs à la lumière de Dieu, et de recevoir une vision unifiée.

La Bible déclare dans Amos 3 : 3 :

> « *Deux hommes marchent-ils ensemble, sans s'être concertés ?* »

Marcher ensemble dans le mariage, c'est aussi marcher ensemble dans les projets, les priorités, les décisions financières, professionnelles ou familiales. C'est dans la prière que cette unité se bâtit. En priant, le couple dit à Dieu : « *Seigneur, montre-nous la voie que nous devons suivre. Donne-nous une même pensée, un même cœur.* »

4.2. La prière éclaire les projets à long terme

Les projets d'un couple peuvent être nombreux : acheter une maison, éduquer les enfants, servir dans l'Église, investir, voyager, bâtir une œuvre… Mais sans la direction de Dieu, même les plus beaux projets peuvent devenir des fardeaux ou des échecs. La prière donne de la clarté. Elle permet de discerner ce qui vient réellement de Dieu de ce qui est simplement une envie humaine.

Dans Proverbes 16 : 3, il est écrit :

« *Recommande à l'Éternel tes œuvres, et tes projets réussiront.* »

Recommander, c'est confier, remettre, soumettre. Lorsqu'un couple prend le temps de prier avant d'agir, Dieu peut confirmer ou réorienter leurs décisions. Il peut fermer des portes pour leur en ouvrir de meilleures. Il peut même retarder un projet pour mieux préparer leurs cœurs.

4.3. La prière soutient la persévérance

Toute vision éprouve la foi. Entre la promesse et l'accomplissement, il y a souvent des délais, des défis, des découragements.

Sans la prière, les époux peuvent se décourager, douter l'un de l'autre, ou abandonner en cours de route. Mais la prière ravive l'espérance et fortifie l'engagement.

Quand un couple prie ensemble pour un projet que Dieu a mis dans leur cœur, ils se rappellent ensemble que Dieu est fidèle. Même face aux obstacles, ils restent alignés, confiants que Celui qui a commencé l'œuvre la mènera à son terme (Philippiens 1 : 6).

> *Bien-aimés, priez pour vos projets.*
> *Priez avant de prendre des décisions.*
> *Priez lorsque vous êtes dans l'attente.*
> *Et surtout, priez ensemble.*

Car lorsque Dieu voit deux cœurs unis dans la prière, Il envoie la provision, Il accorde la sagesse, et Il bénit l'œuvre de leurs mains.

> « *Je vous dis encore que, si deux d'entre vous s'accordent sur la terre pour demander une chose quelconque, elle leur sera accordée par mon Père qui est dans les cieux.* » (Matthieu 18 : 19)

Faites de la prière la boussole de votre foyer, et vous verrez votre destinée prendre forme selon les desseins de Dieu.

Le couple chrétien ne vit pas au hasard. Il est appelé à marcher avec Dieu, dans une direction claire, avec des objectifs inspirés d'en haut. Cette clarté ne se trouve ni dans les émotions ni dans les calculs humains, mais dans la prière. C'est là que Dieu révèle, confirme, et fortifie la vision du couple.

Section 5. Les différentes formes de prière dans le couple

La prière dans le couple ne se limite pas à une seule manière de faire ou à un seul moment dans la journée. Comme toute relation vivante avec Dieu, elle peut prendre plusieurs formes, selon les besoins du moment, les saisons de la vie, et la sensibilité spirituelle des époux.

Dieu ne nous appelle pas à un modèle figé, mais à une communion sincère et régulière avec Lui.

Découvrons ensemble quelques formes de prière que les couples peuvent pratiquer pour nourrir leur vie spirituelle et renforcer leur unité, sans perdre de vue que le Saint-Esprit doit être celui qui conduit toutes choses.

5.1. La prière d'adoration et de reconnaissance

L'une des plus belles manières de commencer ou d'enrichir la vie de prière dans le couple est la prière d'adoration. Il ne s'agit pas de demander quoi que ce soit, mais simplement de rendre gloire à Dieu pour qui Il est, pour sa fidélité, sa présence, sa grâce manifestée dans le foyer.

Lorsque les époux s'unissent pour louer Dieu, ils élèvent ensemble leur regard vers Celui qui les unit. Cette forme de prière produit la paix, l'humilité et la joie. Elle permet de sortir des préoccupations du quotidien pour se recentrer sur la grandeur de Dieu.

> « *Entrez dans ses portes avec des actions de grâces, dans ses parvis avec des louanges ! Célébrez-le, bénissez son nom !* » (Psaume 100 : 4)

5.2. La prière d'intercession

Dans leur rôle de partenaires spirituels, les époux sont aussi appelés à prier l'un pour l'autre et pour les autres. C'est la prière d'intercession. Elle consiste à porter devant Dieu les besoins de son conjoint, de ses enfants, de la famille élargie, de l'Église ou encore de la nation.

Quand un mari prie pour sa femme, et une femme pour son mari, ils deviennent les premiers gardiens spirituels l'un de l'autre. Ils intercèdent pour la force, la sagesse, la santé, la protection et la croissance spirituelle de leur partenaire.

> « *Priez les uns pour les autres, afin que vous soyez guéris. La prière fervente du juste a une grande efficacité.* » (Jacques 5 : 16)

5.3. La prière de supplication

Il y a des saisons où le couple traverse des difficultés intenses : maladie, infertilité, chômage, conflits, découragements. Dans ces moments, la prière de supplication devient un cri du cœur. Elle n'est pas toujours bien structurée ou éloquente, mais elle est sincère et profonde.

En priant à deux dans la douleur, les époux apprennent à dépendre ensemble de Dieu. Ils déposent leurs fardeaux à Ses pieds et expérimentent la consolation divine. Ces temps de supplication partagés soudent le couple d'une manière unique.

> « *Invoque-moi au jour de la détresse ; je te délivrerai, et tu me glorifieras.* » (Psaume 50 : 15)

5.4. La prière de proclamation

La prière de proclamation consiste à déclarer les promesses de Dieu sur le mariage, les enfants, les projets, l'avenir. Elle est une forme de prière pleine de foi, qui s'appuie sur la Parole pour proclamer ce que Dieu dit, malgré les circonstances.

Cette prière renforce la foi du couple, l'encourage à espérer et à tenir ferme, même quand les choses semblent contraires.

> « *Nous croyons, c'est pourquoi nous parlons.* » (2 Corinthiens 4 : 13)

5.5. La prière silencieuse et contemplative

Toutes les prières ne sont pas verbales. Il y a aussi des moments où les époux peuvent simplement se tenir en silence devant Dieu, ensemble. Un regard tourné vers le ciel, une main dans celle de l'autre, et un cœur ouvert à l'Esprit. Ce silence partagé peut être extrêmement fort : c'est le langage de l'intimité spirituelle.

Dans cette forme de prière, on ne dit pas beaucoup, mais on écoute, on s'ouvre à la paix de Dieu, à son Esprit, à sa douce voix intérieure. C'est un espace pour laisser Dieu parler.

> « *Faites silence devant l'Éternel, et espérez en lui.* » (Psaume 37 : 7)

5.6. La prière spontanée et quotidienne

Enfin, il y a la prière simple, spontanée, celle qui s'insère naturellement dans les moments de la vie : prier ensemble avant de sortir le matin, avant de prendre une décision, avant un repas, avant de dormir. Ces petits instants de prière créent une habitude spirituelle durable, et rappellent chaque jour que Dieu est au centre du foyer.

Conseil du Berger

Chaque couple a sa dynamique propre. Ne cherchez pas à imiter exactement ce que font les autres. L'essentiel est de prier ensemble régulièrement, avec foi et amour. Commencez simplement : un psaume lu à voix haute, une prière courte au réveil etavant de dormir…

Et laissez le Saint-Esprit faire grandir cette vie de prière dans votre couple.

Bien-aimés, cultivez la prière dans toutes ses dimensions. Laissez-la devenir le souffle de votre couple, la force de votre alliance, et la source de votre joie spirituelle.

La prière dans le couple peut prendre plusieurs formes, mais elle a une seule source : le désir d'honorer Dieu ensemble et de chercher sa face. Quelle que soit la forme que vous choisirez, n'oubliez jamais que chaque prière faite à deux a une puissance particulière.

Jésus a dit : « Si deux d'entre vous s'accordent sur la terre pour demander quoi que ce soit, cela leur sera accordé par mon Père qui est dans les cieux. » (Matthieu 18 : 19)

Un couple qui prie ensemble, c'est un couple qui construit avec Dieu. La prière est plus qu'un acte religieux : c'est une arme, une source de paix, et un lien puissant entre les époux. Elle transforme le mariage en une maison spirituelle où Dieu règne.

La prière est un pilier fondamental dans le mariage selon Dieu. Ce n'est pas simplement un acte spirituel, mais une relation vivante qui transforme, guérit et soutient. Lorsque le couple prie ensemble, il bâtit une union solide sur le roc de la Parole de Dieu. La prière unie est une arme puissante contre les attaques spirituelles, et un chemin vers la guérison, l'unité et la vision divine pour la vie commune.

Le mariage chrétien est un voyage à deux, mais avec Dieu au centre. Prions donc sans cesse, pour que notre mariage soit une représentation vivante de l'amour de Dieu.

Chapitre 7 : L'intimité conjugale selon Dieu

Dans le dessein divin pour le mariage, l'intimité conjugale occupe une place centrale. Elle dépasse largement la simple expression physique de l'amour ; elle est un langage d'unité, de confiance et de don de soi. Dieu, en instituant le mariage, a voulu que l'homme et la femme deviennent « *une seule chair* » (Genèse 2 : 24). Cette union englobe l'esprit, l'âme et le corps, et se manifeste pleinement dans l'intimité conjugale.

Malheureusement, dans notre époque marquée par la confusion morale et les influences culturelles déformées, la notion d'intimité a souvent été réduite à une simple satisfaction de désirs charnels ou, à l'opposé, reléguée au silence dans les milieux chrétiens. Pourtant, la Bible n'élude pas cette dimension importante du couple. Elle en parle avec pudeur, mais aussi avec clarté et profondeur. Le Cantique des Cantiques, par exemple, célèbre l'amour conjugal dans toute sa beauté, sa tendresse et sa passion légitime.

Ce chapitre vise donc à redonner à l'intimité conjugale sa place légitime dans la vie du couple chrétien, selon la volonté de Dieu. Nous explorerons ce que signifie réellement être intime selon Dieu, en montrant que cette intimité repose d'abord sur une communion spirituelle, une communication émotionnelle, et enfin sur l'union physique. Nous verrons également les obstacles à cette intimité, ainsi que les moyens bibliques de la cultiver et de la protéger.

Loin d'être un sujet tabou, l'intimité conjugale est une bénédiction, un don sacré à vivre avec respect, amour et responsabilité. À travers ce chapitre, nous vous invitons à découvrir, ou redécouvrir, comment Dieu lui-même désire enrichir et sanctifier la relation intime entre époux.

Section 1. L'intimité physique : un don de Dieu

L'intimité physique dans le cadre du mariage n'est ni un tabou ni un mal nécessaire : elle est un don précieux de Dieu, créé avec intention, beauté et sainteté. Trop souvent, la sexualité est déformée par les standards du monde ou enfermée dans la culpabilité religieuse. Pourtant, lorsqu'elle est vécue selon la volonté de Dieu, elle devient une source de joie, d'unité et de bénédiction pour le couple.

1.1. Dieu, l'auteur de l'intimité physique

Dès la création, Dieu a conçu l'homme et la femme avec une capacité et un désir d'union physique.

Genèse 2 : 24 déclare :

> « *C'est pourquoi l'homme quittera son père et sa mère, et s'attachera à sa femme, et ils deviendront une seule chair.* »

Cette expression, « une seule chair », désigne bien plus qu'une union émotionnelle ou spirituelle ; elle inclut aussi l'union physique. C'est Dieu lui-même qui a institué cette dimension du mariage. La sexualité, loin d'être une invention humaine, est un don divin destiné à renforcer le lien conjugal.

1.2. Un don pour l'unité du couple

L'intimité physique est un langage d'amour unique entre l'homme et la femme mariés. Elle permet au couple de se découvrir, de se donner et de s'accueillir mutuellement de façon entière.

Dans 1 Corinthiens 7 : 3-5, l'apôtre Paul souligne l'importance de cette relation au sein du mariage :

> « *Que le mari rende à sa femme ce qu'il lui doit, et que la femme agisse de même envers son mari. La femme n'a pas autorité sur son propre corps, mais c'est le mari ; et pareillement, le mari n'a pas autorité sur son propre corps, mais c'est la femme. Ne vous privez point l'un de l'autre, si ce n'est d'un commun accord pour un temps, afin de vaquer à la prière ; puis retournez ensemble, de peur que Satan ne vous tente par votre incontinence.* »

Ce passage montre que l'intimité physique est une responsabilité réciproque, un moyen de se construire mutuellement dans l'amour et le respect. Elle favorise la communion du cœur et du corps, et consolide les fondations du mariage.

1.3. Un don à recevoir dans la pureté et le respect

Bien que la sexualité soit un don de Dieu, elle est appelée à être vécue dans les limites qu'Il a établies, c'est-à-dire exclusivement dans le cadre du mariage.

Hébreux 13 : 4 nous rappelle :

> « *Que le mariage soit honoré de tous, et le lit conjugal exempt de souillure.* »

Cela signifie que ce don doit être préservé de toute impureté, qu'il s'agisse d'adultère, de pornographie, ou de toute pratique irrespectueuse de la dignité du conjoint. La sexualité selon Dieu est marquée par l'amour, le respect, la tendresse et la fidélité.

1.4. Un don à vivre avec reconnaissance

Recevoir l'intimité physique comme un don de Dieu, c'est aussi l'honorer avec gratitude et responsabilité. C'est reconnaître qu'elle n'est pas seulement pour le plaisir personnel, mais pour le bien de l'autre, pour l'épanouissement du couple et pour la gloire de Dieu. Comme tout autre don divin, elle doit être cultivée, protégée, et vécue dans la lumière de la Parole.

Section 2. L'intimité émotionnelle : se connaître dans le cœur

L'intimité conjugale ne se limite pas à la dimension physique. Elle comprend aussi l'intimité émotionnelle, cette proximité du cœur et de l'âme qui permet aux époux de se comprendre, se soutenir, et s'aimer profondément au-delà des apparences. C'est une forme d'unité silencieuse mais puissante, qui donne au couple stabilité, complicité et profondeur.

2.1. L'intimité émotionnelle : un chemin de connaissance mutuelle

Dans Proverbes 20 : 5, il est écrit :

« Les desseins dans le cœur de l'homme sont des eaux profondes, mais l'homme intelligent sait y puiser. »

Ce verset illustre bien ce qu'est l'intimité émotionnelle : plonger dans les profondeurs du cœur de l'autre, apprendre à connaître ses pensées, ses blessures, ses joies, ses rêves. Cela demande du temps, de l'écoute, de la patience et surtout de la volonté d'aimer l'autre dans sa vérité, même quand cette vérité est fragile ou imparfaite.

Se connaître dans le cœur, c'est apprendre à reconnaître les émotions de l'autre, à les accueillir sans jugement, et à créer un espace de sécurité où chacun peut s'ouvrir sans crainte.

2.2. Une relation d'écoute et de compassion

L'intimité émotionnelle se bâtit dans les petits gestes du quotidien : une oreille attentive, un mot doux, une main tendue dans les moments de faiblesse.

Jacques 1 : 19 nous rappelle :

« *Que chacun soit prompt à écouter, lent à parler, lent à se mettre en colère.* »

Écouter l'autre avec attention et compassion, c'est lui dire : « Tu es important pour moi. Ce que tu ressens a de la valeur. Je veux te comprendre. » Dans un couple, cela crée un climat de confiance et de soutien où chacun peut s'épanouir.

L'intimité émotionnelle ne se construit pas dans la précipitation ni dans le silence. Elle exige une communication honnête et douce, où les émotions peuvent être partagées sans peur d'être rejetées ou ridiculisées.

2.3. Se rendre vulnérable par amour

S'ouvrir émotionnellement à l'autre, c'est aussi accepter d'être vulnérable. C'est oser dire : « Je suis triste. J'ai peur. J'ai besoin de toi. » C'est une démarche humble, mais qui permet de tisser une véritable communion des cœurs.

Dans Jean 15 : 12-13, Jésus dit :

« *Aimez-vous les uns les autres comme je vous ai aimés. Il n'y a pas de plus grand amour que de donner sa vie pour ses amis.* »

Dans le mariage, aimer comme Christ, c'est aussi donner de soi à travers l'écoute, le partage, la présence bienveillante. L'intimité émotionnelle devient alors un terrain où l'amour de Dieu se manifeste dans les gestes les plus simples mais les plus sincères.

2.4. Une clé pour la solidité du couple

Beaucoup de conflits conjugaux naissent d'un manque d'intimité émotionnelle : on vit ensemble, mais on ne se connaît pas. On partage une maison, mais pas son cœur.

Pourtant, un couple qui cultive cette intimité devient fort face aux épreuves, car il sait parler, consoler, pardonner.

Un mari ou une femme qui prend le temps de connaître les émotions de l'autre devient un partenaire véritable, pas seulement un colocataire affectif. Et c'est dans cette connexion du cœur que l'amour prend racine, grandit, et demeure.

La Bible nous rappelle la force de l'unité dans Ecclésiaste 4 : 9-10 :

> « *Deux valent mieux qu'un, parce qu'ils retirent un bon salaire de leur travail. Car, s'ils tombent, l'un relève son compagnon ; mais malheur à celui qui est seul et qui tombe sans avoir un second pour le relever !* »

Ce verset illustre parfaitement la richesse d'un couple émotionnellement uni : il ne traverse pas les épreuves seul. Chacun devient un appui pour l'autre, une force dans la faiblesse, un refuge dans la tempête. L'intimité émotionnelle est bien plus qu'un confort affectif : c'est une clé de solidité et de résilience pour le mariage selon Dieu.

Section 3. L'intimité spirituelle : marcher ensemble dans la foi

L'intimité spirituelle est la forme la plus profonde et la plus durable de l'unité conjugale. Elle va au-delà des émotions et du corps pour toucher l'âme. C'est cette communion avec Dieu, vécue à deux, qui donne au mariage son véritable fondement. Marcher ensemble dans la foi, c'est faire du Seigneur le centre de son couple, en priant, en adorant, en servant et en grandissant spirituellement côte à côte.

3.1. Une relation à trois : Dieu au centre du couple

Dans un mariage selon Dieu, les époux ne sont pas seuls : Dieu en est le tiers présent et actif. Leur union repose sur Lui, s'oriente vers Lui et trouve en Lui sa stabilité. Sans Dieu au centre, l'amour conjugal perd peu à peu sa profondeur. Mais avec Dieu, chaque épreuve, chaque joie, chaque saison prend un sens spirituel.

> « *Et la corde à trois fils ne se rompt pas facilement.* » (Ecclésiaste 4:12)

Ce verset nous enseigne que lorsque Dieu est le troisième fil tressé avec les deux époux, le lien devient fort et résistant. L'intimité spirituelle consiste à reconnaître Dieu comme le fondement et la force du mariage.

3.2. Prier ensemble, s'unir devant Dieu

La prière en couple est un acte d'unité spirituelle puissant. Elle permet de déposer ensemble ses fardeaux devant Dieu, de partager ses besoins, ses rêves, et sa reconnaissance. Prier ensemble, c'est ouvrir son cœur à Dieu et à son conjoint dans un esprit d'humilité, de foi et de confiance.

> « *Je vous dis encore que, si deux d'entre vous s'accordent sur la terre pour demander une chose quelconque, elle leur sera accordée par mon Père qui est dans les cieux.* » (Matthieu 18 : 19)

Ce verset montre la puissance de l'unité dans la prière. L'intimité spirituelle grandit lorsque le couple apprend à chercher Dieu ensemble, à aligner ses désirs sur Sa volonté, et à intercéder l'un pour l'autre.

3.3. Méditer la Parole ensemble, grandir dans la vérité

Lire et méditer la Parole de Dieu à deux permet aux époux de se nourrir de la même source, de recevoir des révélations communes, et de construire leur pensée et leur vie selon les principes divins. C'est un moyen de se fortifier ensemble dans la foi et de mieux comprendre la volonté de Dieu pour leur mariage.

> « *Que la parole de Christ habite en vous abondamment; instruisez-vous et exhortez-vous les uns les autres en toute sagesse.* » (Colossiens 3 : 16)

En partageant la Parole, le couple se forme spirituellement à deux, s'encourage et se corrige avec amour et sagesse. Cela crée une intimité profonde basée sur la vérité de Dieu.

3.4. Servir Dieu ensemble, marcher dans un même appel

Un couple uni spirituellement cherche aussi à servir Dieu ensemble, selon les dons et les appels de chacun. Qu'il s'agisse de prier pour les autres, d'accueillir, d'enseigner, de soutenir une œuvre ou d'élever des enfants dans la foi, servir ensemble renforce la complicité et donne une direction commune.

> « *Deux hommes marchent-ils ensemble, sans s'être concertés ?* » (Amos 3 : 3)

Ce verset souligne l'importance de l'accord spirituel. L'intimité spirituelle s'exprime aussi dans l'unité de mission : le couple marche dans la même direction, avec les mêmes valeurs et les mêmes objectifs pour la gloire de Dieu.

3.5. Se sanctifier mutuellement, progresser dans la sainteté

L'intimité spirituelle pousse chacun des époux à aimer l'autre comme Christ aime son Église, c'est-à-dire en cherchant son bien, sa croissance et sa sanctification. C'est un amour qui purifie, élève, et soutient. Un couple spirituellement uni ne se juge pas, mais s'édifie et se relève ensemble.

> « *Maris, aimez vos femmes, comme Christ a aimé l'Église et s'est livré lui-même pour elle, afin de la sanctifier.* » (Éphésiens 5 : 25-26)

Ce modèle d'amour montre que l'intimité spirituelle engage à se rapprocher de Dieu ensemble, à grandir dans la sainteté, à se pardonner, et à progresser à deux dans la ressemblance à Christ.

L'intimité spirituelle est le cœur du mariage selon Dieu. C'est ce qui donne sens, stabilité et profondeur à toute la relation. Un couple qui prie ensemble, qui médite la Parole ensemble et qui grandit dans la foi ensemble développe une unité indestructible.

Bénéfices de l'intimité spirituelle :

- Elle permet aux époux de se soutenir spirituellement dans les épreuves.
- Elle favorise la croissance individuelle et commune en Christ.
- Elle permet de bâtir un foyer centré sur Dieu, et donc solide.

Un couple spirituellement connecté est un couple qui entend ensemble la voix de Dieu, et qui avance d'un même pas, selon Sa volonté.

Section 4. Les obstacles à l'intimité conjugale

L'intimité conjugale, qu'elle soit physique, émotionnelle ou spirituelle, ne se construit pas automatiquement. Elle peut être entravée par divers obstacles qui s'installent parfois de manière subtile mais destructrice. Reconnaître ces ennemis de l'unité conjugale est essentiel pour les surmonter à la lumière de la Parole de Dieu.

4.1. Le manque de communication

Le silence, l'indifférence ou l'incompréhension sont parmi les principaux freins à l'intimité. Sans communication ouverte, sincère et respectueuse, il devient difficile de se comprendre et de se rapprocher.

> « *La mort et la vie sont au pouvoir de la langue ; quiconque l'aime en mangera les fruits.* » (Proverbes 18 : 21)

Les mots peuvent construire ou détruire. Un couple qui ne parle plus ou ne s'écoute plus s'expose à la froideur et à la distance. La communication est le pont entre deux cœurs — sans lui, l'intimité s'effondre.

4.2. L'égoïsme et l'orgueil

Lorsque chacun pense d'abord à lui-même, l'unité devient impossible. L'égoïsme ferme le cœur à l'autre, et l'orgueil empêche de demander pardon ou de reconnaître ses torts.

> « *Ne faites rien par esprit de parti ou par vaine gloire, mais que l'humilité vous fasse regarder les autres comme étant au-dessus de vous-mêmes.* » (Philippiens 2 : 3)

L'intimité naît de l'humilité et du don de soi. Elle meurt dans l'orgueil et la recherche d'intérêt personnel. Le vrai amour cherche le bien de l'autre avant le sien.

4.3. Les blessures non guéries

Les blessures du passé — trahisons, abus, paroles destructrices — peuvent devenir des barrières à l'intimité si elles ne sont pas reconnues et traitées. Porter ces douleurs en silence crée des murs invisibles mais réels.

> « *Il guérit ceux qui ont le cœur brisé, et il panse leurs blessures.* » (Psaume 147 : 3)

Dieu veut guérir les cœurs brisés pour restaurer l'amour dans le couple. Ignorer les blessures, ou refuser de pardonner, revient à entretenir un poison qui empoisonne l'intimité.

4.4. Le péché caché

Le péché non confessé — adultère, pornographie, mensonge, rancune — rompt la communion avec Dieu et avec le conjoint. Il crée un climat de méfiance, de honte ou de culpabilité qui étouffe toute forme d'intimité.

> « *Celui qui cache ses transgressions ne prospérera point, mais celui qui les avoue et les délaisse obtient miséricorde.* » (Proverbes 28 : 13)

La transparence, la repentance et le pardon sont les clés pour restaurer une intimité brisée. L'ombre ne peut jamais nourrir l'amour ; seule la lumière peut le faire grandir.

4.5. La négligence spirituelle

Lorsqu'un couple s'éloigne de Dieu, il s'éloigne aussi l'un de l'autre. La négligence de la prière, de la lecture de la Parole, ou de la communion fraternelle assèche la vie spirituelle du couple, et par conséquent affaiblit tous les autres aspects de leur relation.

> « *Restez vigilants, demeurez fermes dans la foi, soyez courageux, fortifiez-vous.* » (1 Corinthiens 16 : 13)

Un couple fort dans la foi sera aussi fort dans son intimité. La négligence spirituelle rend les conjoints vulnérables aux attaques de l'ennemi et les prive de la source de leur force : Dieu lui-même.

Retenons que les obstacles à l'intimité conjugale ne sont pas une fatalité. En les identifiant avec honnêteté et en les confrontant avec l'aide de Dieu, le couple peut retrouver la route de l'unité et de l'amour véritable. Rien n'est trop difficile pour Celui qui a institué le mariage et qui veut le bénir.

Section 5. Cultiver une intimité saine dans le mariage

L'intimité conjugale, comme un jardin, ne se développe pas par hasard. Elle demande des soins constants, de l'attention, et un engagement intentionnel. Un mariage selon Dieu ne cherche pas seulement à préserver l'intimité, mais à la faire fleurir, s'épanouir, et porter du fruit dans toutes ses dimensions : physique, émotionnelle et spirituelle.

5.1. Prioriser le temps de qualité à deux

Dans un monde surchargé d'activités, il est facile pour les conjoints de s'éloigner sans s'en rendre compte. Cultiver l'intimité commence par une décision : celle de se réserver des temps de qualité à deux, loin des distractions, pour parler, rire, prier, ou simplement être ensemble.

> « *Il y a un temps pour tout, un temps pour chaque chose sous les cieux.* » (Ecclésiaste 3 : 1)

L'intimité a besoin de temps dédié, et ce temps doit être sacré. Un couple qui prend soin de nourrir régulièrement sa relation devient plus fort et plus uni.

5.2. Pratiquer la tendresse et le respect mutuel

L'intimité saine s'enracine dans une attitude constante de tendresse, de respect, et de douceur. Cela implique de traiter l'autre comme un trésor confié par Dieu, de parler avec bienveillance et d'agir avec délicatesse, y compris dans la sphère physique.

> « *Maris, montrez à votre tour de la sagesse dans vos rapports avec vos femmes, comme avec un sexe plus faible ; honorez-les, comme devant aussi hériter avec vous de la grâce de la vie. Qu'il en soit ainsi, afin que rien ne vienne faire obstacle à vos prières.* » (1 Pierre 3 : 7)

L'amour vrai se montre dans les gestes simples et respectueux. Ce climat de douceur renforce l'intimité et donne à chacun le désir de s'ouvrir et de s'unir pleinement à l'autre.

Compréhension du terme « sexe plus faible »

Le terme « *sexe plus faible* » dans 1 Pierre 3 : 7 a souvent été mal compris ou mal interprété. Voici une explication claire et bibliquement fondée.

Le mot grec original traduit par « sexe plus faible » est ἀσθενεστέρῳ (asthenesterō), un comparatif qui signifie littéralement « *plus fragile* », « *plus vulnérable* », « *plus délicat* ».

Il ne s'agit pas d'une infériorité spirituelle, intellectuelle ou morale, mais plutôt d'un appel au respect, à la délicatesse et à la protection dans le cadre conjugal.

Le terme « *sexe plus faible* » dans 1 Pierre 3 : 7 :

- Ne signifie pas que la femme est inférieure à l'homme.
- Renvoie à sa vulnérabilité physique ou sociale, dans un contexte où les femmes étaient souvent désavantagées.
- Invite le mari à la traiter avec respect, tendresse et compréhension, comme un vase précieux.
- Rappelle l'égalité spirituelle entre mari et femme dans l'héritage de la vie éternelle.

5.3. Être transparent et vulnérable

L'intimité se construit dans la vérité. Cela signifie oser être soi-même, avec ses forces et ses faiblesses, ses besoins et ses émotions. La transparence permet de briser les murs et de bâtir une relation basée sur la confiance.

> « *C'est pourquoi, renoncez au mensonge, et que chacun de vous parle selon la vérité à son prochain, car nous sommes membres les uns des autres.* » (Ephésiens 4 : 25)

Un couple qui pratique la vérité dans l'amour crée un terrain fertile pour une intimité profonde et sincère. Il n'y a pas d'intimité véritable sans authenticité.

5.4. Se pardonner et avancer ensemble

Aucun couple n'est parfait. Des erreurs seront commises, des paroles blessantes seront dites. Mais une intimité saine ne peut survivre sans pardon. Pardonner, c'est choisir de ne pas laisser la blessure diriger la relation.

> « *Supportez-vous les uns les autres, et, si l'un a sujet de se plaindre de l'autre, pardonnez-vous réciproquement. De même que Christ vous a pardonné, pardonnez-vous aussi.* » (Colossiens 3 : 13)

Le pardon libère les cœurs, restaure la confiance, et permet à l'intimité de repartir sur des bases saines. Il est la clé de la guérison et de la croissance.

5.5. Marcher ensemble avec Dieu

Enfin, l'intimité conjugale s'épanouit pleinement lorsque le couple chemine avec Dieu au quotidien. Prier ensemble, lire la Parole, participer à la vie de l'Église, écouter la voix du Saint-Esprit : tout cela fortifie l'unité du couple et garde son intimité centrée sur l'essentiel.

> « *Mais moi et ma maison, nous servirons l'Éternel.* » (Josué 24 : 15)

Un foyer qui choisit de marcher avec Dieu place son intimité sous Sa bénédiction. Et là où Dieu règne, l'amour grandit, la paix demeure, et l'unité se fortifie.

L'intimité conjugale selon Dieu est un don sacré et précieux. Elle englobe le corps, l'âme et l'esprit. Elle ne peut s'épanouir que dans un climat de confiance, d'amour, de respect et de spiritualité.

Dieu désire que les époux vivent cette intimité de manière pleine et bénie, pour leur bonheur mutuel et pour la gloire de Son Nom.

Un mariage fondé sur une intimité complète est une source de paix, de force et de témoignage puissant dans ce monde.

Chapitre 8 : La gestion des conflits dans le mariage chrétien

Aucun mariage, même fondé sur Dieu, n'est exempt de tensions ou de différends. Mais ce qui fait la force d'un couple chrétien, ce n'est pas l'absence de conflits, c'est la manière de les gérer selon les principes de Dieu. Le pardon, l'humilité, l'écoute et la prière sont des armes puissantes pour résoudre les conflits de façon saine et spirituelle.

Lorsque les conflits sont abordés dans l'amour, l'humilité et la prière, ils peuvent même renforcer l'unité du couple.

Dans ce chapitre, nous verrons comment reconnaître, comprendre et résoudre les conflits à la lumière de la Parole, afin qu'ils ne deviennent pas des foyers de division, mais des opportunités de croissance.

Aucun mariage, même bâti sur des bases solides et guidé par la foi chrétienne, n'échappe aux conflits. La réalité de la vie à deux implique des différences de personnalité, des attentes parfois divergentes, et des circonstances extérieures qui peuvent créer des tensions. Mais la présence de conflits ne signifie pas l'échec du mariage ; elle révèle plutôt la nécessité d'apprendre à vivre ensemble selon l'amour, la patience et le pardon que Dieu nous enseigne.

Dans un mariage chrétien, la manière dont les conflits sont gérés fait toute la différence. La Parole de Dieu ne nie pas l'existence des désaccords, mais elle offre des principes clairs pour les aborder de manière saine, respectueuse et restauratrice. Le but n'est pas d'éviter les conflits à tout prix, mais de les traverser dans la maturité spirituelle, afin que le couple en ressorte plus fort, plus uni et plus enraciné dans l'amour de Christ.

Ce chapitre a pour but de montrer que la gestion des conflits n'est pas simplement une compétence relationnelle, mais un témoignage vivant de la grâce de Dieu dans le couple. Il s'agira d'identifier les causes fréquentes des tensions conjugales, de proposer des attitudes bibliques pour y faire face, et de souligner l'importance du pardon, de la communication et de la prière dans le processus de réconciliation.

Section 1. Comprendre l'origine des conflits dans le couple

Pour bien gérer un conflit, il faut d'abord en comprendre la source. Beaucoup de couples chrétiens se retrouvent pris dans des disputes répétées sans jamais s'arrêter pour discerner ce qui en est véritablement à l'origine. La Bible, qui connaît le cœur humain mieux que quiconque, éclaire les racines profondes des conflits dans le couple. Elle nous enseigne que les conflits trouvent souvent leur origine dans la nature pécheresse de l'homme, les différences personnelles, et les attaques spirituelles.

1.1. Le péché dans le cœur humain

Le conflit trouve d'abord sa source dans le cœur de l'homme déchu. Depuis la chute d'Adam et Ève (Genèse 3), l'homme est devenu centré sur lui-même, animé par ses désirs, ses intérêts et son orgueil. Ce cœur charnel est souvent à l'origine des disputes.

> « *D'où viennent les luttes, et d'où viennent les querelles parmi vous ? N'est-ce pas de vos passions qui combattent dans vos membres ?* » (Jacques 4 : 1)

Ce verset met en lumière une vérité essentielle : les conflits surgissent souvent parce que chacun cherche à satisfaire ses propres désirs. Dans le mariage, cela se manifeste par des attentes non comblées, un besoin de reconnaissance, ou un refus de renoncer à soi pour l'autre. Lorsque chaque conjoint cherche à avoir raison, à dominer, ou à imposer son point de vue, le terrain est propice à l'affrontement.

1.2. Les différences de personnalité, de culture ou d'éducation

Dieu a créé chaque être humain unique. Le mariage unit deux personnes souvent très différentes, avec des manières de penser, de réagir et de communiquer qui peuvent entrer en collision. Ces différences ne sont pas en soi une mauvaise chose, mais mal comprises ou mal gérées, elles deviennent des sources de tension.

Par exemple, un conjoint peut être extraverti et expressif, tandis que l'autre est réservé et silencieux. L'un peut venir d'une culture où l'on exprime ses émotions ouvertement, et l'autre d'un milieu plus discret. Ce genre de différence peut être interprété à tort comme un manque d'amour, une froideur, ou un rejet.

> « *Supportez-vous les uns les autres, et, si l'un a sujet de se plaindre de l'autre, pardonnez-vous réciproquement. De même que Christ vous a pardonné, pardonnez-vous aussi.* » (Colossiens 3 : 13)

Le chrétien est donc appelé à accueillir la différence avec patience, humilité et amour, plutôt que de la combattre ou de vouloir changer l'autre à son image.

1.3. Les blessures non guéries et les attentes irréalistes

Beaucoup de conflits prennent racine dans le passé non guéri : blessures de l'enfance, trahisons anciennes, expériences amères. Ces douleurs, si elles ne sont pas remises à Dieu, deviennent des filtres à travers lesquels les conjoints interprètent les paroles ou les gestes de l'autre. Ce n'est pas toujours l'attitude du conjoint qui crée le conflit, mais la façon dont elle est perçue à travers une âme encore souffrante.

À cela s'ajoutent les attentes irréalistes : s'attendre à ce que l'autre comble tous nos besoins affectifs, comprenne nos pensées sans que nous parlions, ou soit parfait. Lorsque ces attentes ne sont pas satisfaites, la frustration s'installe, puis le reproche.

> « *L'espérance différée rend le cœur malade.* »
> (Proverbes 13 : 12a)

Dans le mariage chrétien, il est donc crucial d'apprendre à remettre ses attentes à Dieu, et à ne pas faire du conjoint un dieu chargé de combler ce que seul le Seigneur peut remplir.

1.4. L'influence de l'ennemi

Enfin, il ne faut pas négliger la dimension spirituelle du conflit. Satan déteste le mariage, car il reflète l'union entre Christ et l'Église (Éphésiens 5 : 31-32). Il cherchera toujours à semer la division, à amplifier les incompréhensions, et à entretenir les rancunes.

> « *Ne donnez pas accès au diable.* » (Ephésiens 4 : 27)

Lorsque les conjoints laissent la colère s'installer sans chercher la réconciliation, ils ouvrent la porte à l'ennemi pour qu'il prenne place dans leur foyer. C'est pourquoi la Bible invite à régler les conflits sans tarder :

> « *Que le soleil ne se couche pas sur votre colère.* » (Ephésiens 4 : 26)

En résumé :

Les conflits dans le couple chrétien sont souvent liés :

- *au péché et à l'égoïsme du cœur humain,*
- *aux différences naturelles entre les conjoints,*
- *aux blessures anciennes et attentes irréalistes,*
- *et à l'influence spirituelle de l'ennemi.*

Les reconnaître avec honnêteté et humilité est la première étape vers une gestion biblique et restauratrice des conflits. Dans la section suivante, nous verrons quelles réactions sont à éviter pour ne pas aggraver la situation mais plutôt favoriser la paix et l'unité.

Section 2. L'attitude du chrétien face au conflit

Le conflit, bien qu'inévitable dans toute relation humaine, et particulièrement dans le mariage, n'est pas un piège sans issue. Pour le chrétien, il devient une occasion de manifester la nature de Christ et de grandir dans l'amour véritable. La manière dont un croyant réagit face au conflit témoigne de sa maturité spirituelle et de son attachement à la Parole de Dieu.

Dans cette section, nous verrons les attitudes fondamentales que le chrétien doit adopter face aux conflits conjugaux, selon l'enseignement biblique.

2.1. *L'humilité :* reconnaître sa part de responsabilité

Le premier réflexe d'un cœur transformé par Dieu est l'humilité. Il ne s'agit pas d'accuser l'autre ou de se justifier à tout prix, mais de commencer par un examen honnête de soi-même. Jésus nous invite à regarder la poutre dans notre propre œil avant de chercher la paille chez l'autre.

> *« Pourquoi vois-tu la paille qui est dans l'œil de ton frère, et n'aperçois-tu pas la poutre qui est dans ton œil ? »* (Matthieu 7 : 3)

Dans le conflit, le chrétien est donc appelé à se remettre en question : Ai-je blessé ? Ai-je manqué de respect ? Ai-je parlé sous l'effet de la colère ? Cette posture d'humilité désarme souvent le conflit et ouvre la voie à la réconciliation.

2.2. *La douceur* : répondre sans violence

La réaction naturelle lors d'un conflit est souvent de réagir avec dureté, de se défendre agressivement ou de riposter. Pourtant, la Bible nous appelle à la douceur, même en cas d'injustice ou de malentendu.

« Une réponse douce calme la fureur, Mais une parole dure excite la colère. » (Proverbes 15 : 1)

Dans un couple chrétien, cela signifie apprendre à maîtriser ses paroles, à ne pas élever la voix, à ne pas utiliser des mots destructeurs, même lorsque l'on est blessé. La douceur n'est pas une faiblesse, mais une force spirituelle.

2.3. *Le pardon* : une démarche active et répétée

Le pardon est au cœur de l'Évangile, et il est aussi essentiel dans la résolution des conflits conjugaux. Pardonner ne signifie pas nier la faute ou faire semblant que rien ne s'est passé, mais choisir de libérer l'autre et de ne pas entretenir la rancune.

« Supportez-vous les uns les autres, et, si l'un a sujet de se plaindre de l'autre, pardonnez-vous réciproquement. De même que Christ vous a pardonné, pardonnez-vous aussi. » (Colossiens 3 : 13)

Le pardon doit être répété, parfois même quotidiennement. Jésus dit à Pierre de pardonner jusqu'à soixante-dix fois sept fois (Matthieu 18:21-22), une manière d'enseigner que le pardon n'a pas de limite pour celui qui marche selon Dieu.

2.4. La recherche de la paix

Le chrétien ne cherche pas à avoir raison à tout prix, mais à garder la paix. Cela ne veut pas dire fuir les discussions nécessaires, mais aborder le désaccord avec l'objectif de restaurer l'unité, non de gagner un combat.

« Recherchez la paix avec tous, et la sanctification, sans laquelle personne ne verra le Seigneur. » (Hébreux 12 : 14)

Dans le couple, cela se manifeste par la volonté de dialoguer calmement, de faire des compromis sages, et de prier ensemble pour retrouver l'harmonie. La paix n'est pas toujours immédiate, mais elle est le fruit d'un esprit disposé.

2.5. *La prière* : arme spirituelle et source de sagesse

Le chrétien ne se bat pas avec les armes du monde. Lorsqu'un conflit éclate, la première réaction devrait être de chercher Dieu dans la prière : pour que l'Esprit de Dieu calme les cœurs, éclaire les esprits, et favorise la réconciliation.

> « *Si quelqu'un d'entre vous manque de sagesse, qu'il la demande à Dieu […] et elle lui sera donnée.* » (Jacques 1 : 5)

Prier, c'est reconnaître que sans Dieu, il nous est impossible d'aimer et de pardonner comme il le faut. C'est aussi ouvrir la porte à l'intervention divine dans la relation. Les couples qui prient ensemble ont une ressource spirituelle puissante pour surmonter les conflits.

En résumé :

L'attitude du chrétien face au conflit dans le mariage doit se caractériser par :

- *L'humilité : reconnaître sa propre part d'erreur,*
- *La douceur : éviter l'agressivité et la dureté,*
- *Le pardon : relâcher les offenses et avancer,*
- *La recherche de la paix : viser la restauration plutôt que la victoire,*
- *La prière : s'appuyer sur Dieu pour agir avec sagesse et amour.*

Ces attitudes ne sont pas naturelles, mais elles sont rendues possibles par la puissance du Saint-Esprit. C'est ainsi que le couple chrétien peut vivre les conflits non comme des menaces, mais comme des opportunités de grandir ensemble à l'image de Christ.

Section 3. Les étapes d'une résolution biblique du conflit

Dieu ne nous a pas laissés sans repères pour faire face aux conflits. Dans sa Parole, Il nous donne des principes clairs, non seulement pour éviter l'escalade des tensions, mais surtout pour résoudre les conflits de manière juste, aimante et durable. Ces étapes, inspirées de l'enseignement de Jésus et des épîtres, peuvent être appliquées concrètement dans la vie de couple.

Un conflit peut devenir un moment de gloire pour Dieu, s'il est géré selon les voies divines. Voici les étapes essentielles d'une résolution biblique du conflit conjugal :

3.1. Reconnaître le conflit et décider de le résoudre

La première étape est de ne pas fuir le conflit, mais de le reconnaître et d'y faire face avec courage et maturité. Beaucoup de couples laissent les tensions s'accumuler sans jamais en parler, croyant que le temps les effacera. Or, ce qui n'est pas traité finit par pourrir la relation.

> « *S'il est possible, autant que cela dépend de vous, soyez en paix avec tous les hommes.* » (Romains 12 : 18)

Dans un mariage chrétien, cela signifie que les deux conjoints doivent être animés du désir sincère de paix, même si l'émotion ou la fatigue rendent le dialogue difficile. La décision de résoudre un conflit n'est pas fondée sur l'émotion, mais sur l'obéissance à Dieu.

3.2. Chercher d'abord Dieu dans la prière

Avant d'engager la discussion, il est crucial de se placer devant Dieu. Cela permet de calmer le cœur, de recevoir sa sagesse, et de se préparer spirituellement à parler avec amour.

> « *Confie-toi en l'Éternel de tout ton cœur [...] Reconnais-le dans toutes tes voies, et il aplanira tes sentiers.* » (Proverbes 3 : 5-6)

La prière personnelle (et, si possible, commune) invite le Saint-Esprit à régner sur la conversation. Elle aide aussi à désarmer les motivations égoïstes ou charnelles qui pourraient saboter la réconciliation.

3.3. Dialoguer dans la vérité et l'amour

Vient ensuite le temps du dialogue, dans un esprit de vérité et de respect. Il ne s'agit pas d'accuser, mais d'exprimer ses sentiments, ses frustrations ou ses blessures, en parlant de soi plutôt que de l'autre.

> « *Mais que, professant la vérité dans l'amour, nous croissions à tous égards en celui qui est le chef, Christ.* » (Ephésiens 4 : 15).

Quelques principes pratiques :

- Éviter les accusations générales (comme « *tu ne m'écoutes jamais* »).
- Utiliser le « *je* » : « je me suis senti blessé quand… ».
- Écouter sans interrompre.
- Chercher à comprendre, et non à l'emporter.

Le dialogue biblique n'est pas une joute verbale, mais un chemin de compréhension mutuelle.

3.4. Confesser ses torts et demander pardon

Une fois le dialogue établi, chacun doit assumer sa responsabilité dans le conflit. Même si l'on pense avoir moins fauté que l'autre, l'Esprit de Christ nous pousse à l'humilité et à la repentance.

> « *Si nous confessons nos péchés, il est fidèle et juste pour nous les pardonner.* » (1 Jean 1 : 9)

La confession ne doit pas être vague : « *Je reconnais que je t'ai parlé avec dureté hier, et je te demande pardon.* »

Le pardon demandé et accordé libère le cœur, brise les chaînes de l'amertume et ouvre la voie à la guérison.

3.5. Prendre des décisions concrètes pour changer

Résoudre un conflit, ce n'est pas simplement s'excuser, mais s'engager à progresser. Cela implique de tirer des leçons et de prendre des mesures concrètes pour éviter les mêmes erreurs à l'avenir.

> « *Produisez donc du fruit digne de la repentance.* » (Matthieu 3 : 8)

Quelques exemples :

- Instaurer un moment hebdomadaire de communication ouverte.
- Décider de prier ensemble chaque soir.
- S'engager à éviter les paroles blessantes ou les silences prolongés.

La réconciliation chrétienne est active, et non passive. Elle se traduit par des actions qui consolident la paix retrouvée.

3.6. Renouveler l'unité et la communion

Enfin, la résolution biblique du conflit doit se conclure par un acte d'unité : un geste d'affection, une prière commune, une bénédiction prononcée l'un sur l'autre. Cela scelle la réconciliation dans la foi.

> « *Revêtez-vous de l'amour, qui est le lien de la perfection.* » (Colossiens 3 : 14)

Il ne suffit pas de dire que tout va bien ; il faut réaffirmer l'alliance, en paroles et en actes, et restaurer la communion affective et spirituelle.

En résumé :

Voici les étapes bibliques à suivre pour résoudre un conflit dans le mariage chrétien :

1. *Reconnaître le conflit et vouloir le résoudre,*
2. *Chercher Dieu dans la prière avant d'agir,*
3. *Dialoguer dans la vérité et l'amour,*
4. *Confesser ses torts et demander pardon,*
5. *S'engager à changer par des actions concrètes,*
6. *Renouveler la communion dans l'unité et l'amour.*

Ces étapes ne sont pas magiques, mais elles sont puissantes lorsqu'elles sont faites avec foi et sincérité. Elles permettent au couple de grandir ensemble, d'être guéri, et de porter le témoignage de l'amour inébranlable de Dieu dans un monde rempli de divisions.

Section 4. L'importance du dialogue et de l'écoute

Le mariage, selon Dieu, est un lieu d'unité, de paix et de communion. Cependant, cette harmonie ne peut être maintenue sans un dialogue sincère et une écoute véritable. Dans le contexte des conflits conjugaux, la qualité de la communication devient non seulement un outil de réconciliation, mais aussi un moyen d'exprimer l'amour et le respect mutuel selon les principes bibliques.

4.1. Dieu valorise une parole honnête et pleine de grâce

La Bible enseigne que nos paroles doivent être empreintes de vérité et de bienveillance. Dans Ephésiens 4 : 15, Paul exhorte les croyants à dire « *la vérité dans l'amour* ». Cela s'applique pleinement dans le cadre du mariage. Le dialogue ne consiste pas à blesser, à accuser ou à manipuler, mais à communiquer avec un cœur rempli d'amour et de vérité.

> « *Que votre parole soit toujours accompagnée de grâce, assaisonnée de sel, afin que vous sachiez comment il faut répondre à chacun.* » (Colossiens 4 : 6)

Dans un conflit conjugal, parler avec grâce permet de désamorcer la tension et de préserver l'honneur de son conjoint. Le dialogue chrétien n'a pas pour but de triompher, mais de restaurer.

4.2. Ecouter est un acte d'humilité et d'amour

L'écoute est une forme de sagesse et d'humilité dans la Bible. Trop souvent, les époux cherchent à parler plutôt qu'à écouter. Pourtant, l'écoute sincère est une preuve de maturité spirituelle et d'amour désintéressé.

> « *Que tout homme soit prompt à écouter, lent à parler, lent à la colère.* » (Jacques 1 : 19)

Ecouter son conjoint, c'est lui accorder de la valeur, c'est reconnaître que ses pensées et ses émotions comptent. Cela reflète l'attitude du Christ, qui sait écouter les cœurs blessés et compatir aux douleurs humaines.

4.3. Le dialogue empêche les malentendus et favorise la réconciliation

Nombre de conflits dans le mariage naissent de malentendus, de paroles mal interprétées ou de silences pesants. Le dialogue permet de clarifier les intentions, de dissiper les soupçons et de corriger les perceptions erronées.

> « *Celui qui répond avant d'avoir écouté fait un acte de folie et s'attire la confusion.* » (Proverbes 18 : 13)

Parler et écouter dans un esprit d'amour prévient l'amertume et la rancune. Le dialogue biblique est donc un moyen de prévenir l'escalade du conflit.

4.4. L'exemple du Christ : un modèle de communication divine

Jésus est notre modèle en toutes choses, y compris dans la manière de dialoguer. Il savait poser des questions, écouter profondément et répondre avec sagesse. Dans sa relation avec l'Église, qu'Il aime comme un Époux parfait, Christ prend le temps d'instruire, de corriger avec douceur, et d'écouter les prières.

> « *Le Seigneur, l'Éternel, m'a donné une langue exercée, pour que je sache soutenir par la parole celui qui est abattu ; Il éveille chaque matin mon oreille, pour que j'écoute comme écoutent des disciples.* » (Esaïe 50 : 4)

Ainsi, dans le couple chrétien, chaque époux est appelé à imiter Christ dans sa manière de parler et d'écouter, avec douceur, compassion et vérité.

4.5. Le dialogue et l'écoute sont essentiels pour la prière commune

Un couple qui ne communique pas bien aura du mal à prier ensemble. Or, la prière commune est un fondement puissant de l'unité conjugale. La Bible met en garde contre les conflits non résolus qui peuvent entraver l'efficacité des prières.

> « *Vous maris, vivez de même en montrant de la compréhension à vos femmes [...] afin que rien ne fasse obstacle à vos prières.* » (1 Pierre 3 : 7)

Le dialogue et l'écoute sont donc non seulement importants pour la paix du foyer, mais aussi pour l'intimité spirituelle du couple devant Dieu.

A retenir :

Dans la gestion des conflits, le dialogue respectueux et l'écoute active sont des instruments puissants de guérison, de réconciliation et de croissance spirituelle dans le mariage.

Parler avec sagesse, écouter avec humilité, et rechercher la paix avec persévérance sont des preuves concrètes de l'amour selon Dieu.

En cultivant ces attitudes, le couple honore le Seigneur et édifie une union stable, forte et remplie de grâce.

> « *Une réponse douce calme la fureur, mais une parole dure excite la colère.* » (Proverbes 15 : 1)

Section 5. Restaurer la paix et renforcer l'unité après le conflit

Dans toute relation humaine, et particulièrement dans le mariage, le conflit est inévitable. Même les couples les plus unis peuvent traverser des périodes de désaccord, de tension ou de blessure. Mais ce qui distingue un mariage selon Dieu, ce n'est pas l'absence de conflit, mais la manière dont les époux choisissent de restaurer la paix et de fortifier leur unité après ces moments difficiles.

5.1. La réconciliation : une démarche de foi et d'humilité

Le processus de restauration commence par un cœur disposé à la réconciliation. Cela exige l'humilité de reconnaître ses torts, le courage de pardonner et la foi pour croire que Dieu peut renouveler ce qui a été brisé. La Bible nous enseigne :

> « *Heureux ceux qui procurent la paix, car ils seront appelés fils de Dieu.* » (Matthieu 5 : 9)

La paix ne se rétablit pas automatiquement après une dispute. Il faut la chercher activement, guidé par l'amour de Dieu. Cela peut signifier engager une conversation sincère, exprimer ses blessures avec douceur, ou tout simplement tendre la main en signe d'apaisement.

5.2. Le pardon sincère : clé de la restauration

Le pardon est le pont qui permet de passer de la rupture à la restauration. Il ne minimise pas la douleur ni ne nie l'offense, mais il choisit de ne pas laisser le passé contrôler l'avenir. Dieu nous appelle à pardonner comme Lui nous a pardonnés en Christ (Ephésiens 4 : 32). Cela signifie :

- Lâcher prise sur la rancune ;
- Refuser de revenir constamment sur la faute ;
- Offrir à son conjoint une seconde chance, dans l'amour.

Le pardon est un acte de libération, autant pour celui qui le donne que pour celui qui le reçoit.

5.3. La reconstruction de la confiance

Après un conflit, la confiance peut être fragilisée. Elle ne se reconstruit pas en un jour, mais par des actes concrets, répétés et sincères. Il s'agit d'être fidèle à ses engagements, de faire preuve de transparence, d'écouter activement l'autre et de respecter ses besoins. Cela demande du temps, de la patience et une volonté constante de bâtir ensemble.

> « *L'amour excuse tout, croit tout, espère tout, supporte tout.* » (1 Corinthiens 13 : 7)

5.4. L'entretien de l'unité par la prière et la communion spirituelle

Une des manières les plus puissantes de restaurer l'unité dans le couple est de prier ensemble. La prière unit les cœurs, apaise les tensions, et invite Dieu à prendre Sa place au centre du mariage. Après un conflit, prier ensemble peut être un acte fort de réconciliation, même si cela commence simplement par une courte prière :

> « *Seigneur, nous te remettons notre couple. Aide-nous à nous aimer comme Tu nous aimes.* »

Partager des temps de lecture biblique, de louange ou de jeûne en couple permet également de nourrir cette unité spirituelle et émotionnelle.

Apprendre du conflit pour grandir ensemble

Tout conflit peut devenir une opportunité de croissance si les époux choisissent d'en tirer des leçons. Plutôt que de revenir sans cesse sur l'erreur ou la blessure, ils peuvent se poser des questions telles que :

- *Qu'est-ce que ce conflit révèle sur nos besoins non exprimés ?*
- *Comment mieux communiquer la prochaine fois ?*
- *Quelles limites devons-nous mettre en place pour protéger notre relation ?*

En adoptant cette posture de maturité et d'apprentissage, les époux deviennent plus proches, plus compréhensifs, et plus unis dans leur marche commune.

En résumé :

Restaurer la paix après un conflit ne se limite pas à mettre fin à une dispute. C'est un processus spirituel et relationnel qui implique le pardon, l'humilité, la prière, la reconstruction de la confiance et un désir profond d'apprendre et de grandir ensemble. Le mariage selon Dieu n'est pas exempt de tempêtes, mais il est ancré dans un amour qui persévère, soutenu par la grâce divine.

> « *Supportez-vous les uns les autres, et, si l'un a sujet de se plaindre de l'autre, pardonnez-vous réciproquement. De même que Christ vous a pardonné, pardonnez-vous aussi.* » (Colossiens 3 : 13).

En conclusion :

Le conflit n'est pas l'ennemi du mariage. Mal géré, il détruit. Mais bien géré, il renforce l'unité, purifie les intentions et fait grandir l'amour.

Dans un mariage chrétien, la grâce de Dieu est toujours disponible pour apaiser les tempêtes. Le couple qui choisit le pardon, la douceur et la vérité selon l'Évangile construira une relation solide et durable.

N'oublions pas : Jésus est le Prince de la paix – et là où Il règne, la paix triomphe.

Le conflit dans le mariage n'est pas une défaite en soi. Ce qui détermine la solidité d'un couple chrétien, ce n'est pas l'absence de désaccords, mais la manière dont il choisit de les affronter et de les résoudre. En tant qu'enfants de Dieu, nous avons reçu dans Sa Parole tout ce dont nous avons besoin pour faire face aux tensions avec maturité spirituelle, amour et sagesse.

La gestion des conflits commence par une compréhension claire de leur origine : notre nature pécheresse, nos différences, nos blessures non guéries et l'action de l'ennemi. Face à cela, Dieu nous appelle à adopter une attitude christique : humilité, douceur, pardon, recherche de la paix, et prière.

Mais au-delà des attitudes, il nous appelle à passer à l'action, en suivant des étapes concrètes et bibliques : reconnaître le conflit, chercher sa face, dialoguer avec vérité, demander pardon, s'engager au changement et sceller l'unité retrouvée.

Chaque conflit est une opportunité d'approfondir l'amour conjugal et de glorifier Dieu dans le foyer. Lorsqu'un couple traverse ses différends avec foi et obéissance, il devient un témoignage vivant de la grâce rédemptrice de Christ, capable de transformer les cœurs, de réconcilier les âmes et d'édifier une union indestructible.

> « *Heureux ceux qui procurent la paix, car ils seront appelés fils de Dieu.* » (Matthieu 5 : 9)

Que chaque mari et chaque femme qui cherchent à vivre selon Dieu apprennent à devenir des artisans de paix dans leur maison, afin que leur mariage reflète la beauté de l'Évangile au milieu du monde.

Chapitre 9 : La sexualité selon la Bible

Bien-aimés dans le Seigneur,

Parler de sexualité dans l'Église, c'est souvent briser un mur de silence, de gêne ou de préjugés. Trop longtemps, ce sujet a été évité, parfois par pudeur, parfois par peur d'offenser. Pourtant, si Dieu Lui-même a créé la sexualité, si elle fait partie de Son plan dès les premiers chapitres de la Genèse, pourquoi la laisserions-nous aux seules voix du monde pour l'interpréter ?

Aujourd'hui plus que jamais, les enfants de Dieu ont besoin d'entendre une parole *claire, saine* et *biblique* sur la sexualité. Le monde en a fait un terrain de confusion, de débauche et de marchandisation. La pornographie, l'infidélité, les désirs déréglés et les relations sans engagement ont défiguré ce que Dieu a voulu beau, pur et glorieux.

Mais la sexualité, telle que Dieu l'a pensée, est un *don sacré*. Elle est le langage de l'amour dans le cadre de l'alliance du mariage. Elle n'est ni sale, ni honteuse, ni secondaire. Elle est noble, profonde, et porteuse de vie. Dieu ne s'oppose pas à la sexualité ; Il l'a créée, Il la bénit, et Il en fixe les limites pour notre bien.

Dans ce chapitre, nous allons, avec humilité et vérité, ouvrir la Parole de Dieu pour découvrir ensemble ce qu'Elle enseigne sur la sexualité. Nous verrons que celle-ci a été conçue par Dieu pour unir, pour réjouir, pour protéger, et pour multiplier la vie. Nous verrons aussi les pièges et les déviations qui détruisent l'âme, blessent les cœurs, et salissent l'intimité conjugale.

Mais surtout, nous découvrirons qu'il n'est jamais trop tard pour revenir à Dieu. Il y a, en Jésus-Christ, une rédemption pour ceux qui ont été marqués par le péché sexuel, une restauration pour ceux qui portent des blessures, et une nouvelle espérance pour ceux qui désirent vivre une sexualité selon le cœur de Dieu.

À travers ces lignes, mon désir est de vous exhorter, chers époux, à honorer Dieu dans votre intimité, à cultiver une relation saine, tendre et respectueuse, et à faire de votre union un reflet fidèle de l'amour entre Christ et Son Église.

Ouvrons donc nos cœurs, et laissons le Saint-Esprit nous enseigner, nous corriger et nous restaurer. Car tout ce que Dieu a créé est bon, et cela inclut aussi la sexualité, lorsqu'elle est vécue dans l'obéissance et l'amour.

Section 1. La sexualité, une création de Dieu

Trop souvent, la sexualité est perçue, même dans les milieux chrétiens, comme un sujet gênant, voire honteux. Pourtant, selon les Écritures, la sexualité n'est ni un tabou ni un péché en soi. Elle est une œuvre sainte, voulue et bénie par Dieu. Elle fait partie intégrante de Sa création parfaite, avant même la chute de l'humanité. Pour comprendre la sexualité selon la Bible, il est essentiel de commencer par cette vérité fondamentale : la sexualité est une création divine, bonne et intentionnelle.

1.1. La sexualité instituée dès la création

Dans le récit de la Genèse, Dieu crée l'homme et la femme avec une identité sexuelle claire et complémentaire :

> « *Dieu créa l'homme à son image, Il le créa à l'image de Dieu, Il créa l'homme et la femme.* » (Genèse 1 : 27)

Et aussitôt après :

> « *Dieu les bénit, et Dieu leur dit : Soyez féconds, multipliez, remplissez la terre…* » (Genèse 1 : 28)

La sexualité n'est donc pas le fruit du péché ni un ajout tardif à l'histoire humaine. Elle fait partie du plan originel de Dieu pour l'humanité. Dieu a voulu que l'homme et la femme s'unissent non seulement émotionnellement et spirituellement, mais aussi physiquement. Il a conçu leurs corps pour cette union, et Il les a bénis dans cette capacité.

1.2. Une expression d'unité et d'intimité dans le mariage

La sexualité, dans le dessein divin, est bien plus qu'un acte physique. Elle est l'expression d'une union profonde, complète et exclusive entre un homme et une femme unis par le lien du mariage. Genèse 2 : 24 déclare :

> « *C'est pourquoi l'homme quittera son père et sa mère, s'attachera à sa femme, et ils deviendront une seule chair.* »

L'union sexuelle est ainsi présentée comme une réalité sacrée, une fusion des êtres dans leur totalité : corps, âme et esprit. Elle manifeste l'alliance du mariage, scellée dans l'intimité, et elle renforce cette alliance jour après jour. Dans le contexte du mariage, la sexualité devient un langage d'amour, de don de soi et de communion.

1.3. Une œuvre bonne et pure, sans honte

Il est important de noter qu'avant la chute, l'homme et la femme vivaient leur sexualité sans culpabilité ni honte :

> « *L'homme et sa femme étaient tous deux nus, et ils n'en avaient point honte.* » (Genèse 2 : 25)

Cela signifie que dans son essence, la sexualité n'est pas impure ou honteuse. C'est le péché qui a déformé la perception de la sexualité, l'éloignant de sa beauté originelle. Dieu, quant à Lui, n'a jamais eu honte de ce qu'Il a créé. Au contraire, Il vit que tout était "très bon" (Genèse 1 : 31). Cela inclut la sexualité dans le cadre de son dessein.

1.4. Une bénédiction à protéger

Parce qu'elle est une création de Dieu et un lieu de bénédiction, la sexualité est aussi un domaine à protéger et à sanctifier. L'ennemi de nos âmes cherche à la pervertir, à la banaliser, à la détacher de l'alliance du mariage pour en faire un instrument de plaisir égoïste, de souffrance ou d'addiction. Mais ceux qui marchent avec Dieu sont appelés à redécouvrir la sexualité selon le regard du Créateur, à la vivre dans la pureté, le respect mutuel et la sainteté.

> « *Que le mariage soit honoré de tous, et le lit conjugal exempt de souillure, car Dieu jugera les impudiques et les adultères.* » (Hébreux 13 : 4)

En résumé :

La sexualité n'est pas une erreur ou une faiblesse humaine : elle est un don de Dieu, porteur de vie, d'unité et de joie, lorsqu'elle est vécue selon Sa volonté. Loin de la honte ou du silence, le chrétien est appelé à embrasser une vision biblique de la sexualité : belle, pure et enrichissante, enracinée dans l'amour et la fidélité conjugale.

Section 2. La sexualité dans le cadre du mariage

La sexualité est un don précieux que Dieu a placé dans le cadre spécifique du mariage. Elle n'est ni un péché ni une nécessité honteuse, mais une bénédiction divine, créée pour l'épanouissement du couple et la consolidation de leur union. La Bible affirme clairement que la sexualité trouve sa place légitime uniquement dans le mariage entre un homme et une femme. En dehors de ce cadre, elle devient déformée, et perd son but sacré.

2.1. Une expression d'unité et d'intimité

Dès le commencement, Dieu a créé l'homme et la femme pour qu'ils soient unis dans une intimité profonde :

> « *C'est pourquoi l'homme quittera son père et sa mère, et s'attachera à sa femme, et ils deviendront une seule chair.* » (Genèse 2 : 24)

L'acte sexuel dans le mariage est l'expression physique de cette unité. Il manifeste une communion totale — émotionnelle, spirituelle et corporelle. Ce n'est pas simplement un acte charnel, mais une façon sacrée de se donner l'un à l'autre, de sceller et nourrir l'alliance conjugale.

2.2. Un cadre de pureté et de sécurité

Dieu a institué le mariage comme le seul lieu approprié pour vivre la sexualité dans la sainteté. Le livre des Hébreux nous exhorte ainsi :

> « *Que le mariage soit honoré de tous, et le lit conjugal exempt de souillure ; car Dieu jugera les impudiques et les adultères.* » (Hébreux 13 : 4)

Dans le mariage, la sexualité se vit dans la sécurité de l'engagement mutuel, du respect et de l'amour. Elle n'est pas soumise aux jeux de pouvoir, à la séduction extérieure ou à l'égoïsme, mais à la recherche du bien de l'autre. Ce cadre protège l'homme et la femme, leur corps, leurs émotions et leur dignité.

2.3. Un lieu de plaisir légitime et de joie

Contrairement à certaines idées fausses, la Bible ne condamne pas le plaisir sexuel dans le mariage ; au contraire, elle le célèbre. Le Cantique des cantiques, par exemple, est une illustration poétique et audacieuse de l'amour physique et affectif entre un homme et une femme.

> « *Que mon bien-aimé entre dans son jardin, et qu'il mange de ses fruits délicieux !* » (Cantique des cantiques 4 : 16)

Le plaisir sexuel dans le mariage est voulu par Dieu, mais il est lié à l'amour, au respect et à la fidélité. Il ne s'agit pas d'un plaisir égoïste ou compulsif, mais d'un don réciproque qui réjouit le cœur et fortifie l'union.

2.4. Un devoir conjugal réciproque

La sexualité dans le mariage ne doit pas être utilisée comme un moyen de chantage, de domination ou de punition. L'apôtre Paul enseigne avec clarté sur la responsabilité mutuelle des époux à ce sujet :

> « *Que le mari rende à sa femme ce qu'il lui doit, et que la femme agisse de même envers son mari. […] Ne vous privez point l'un de l'autre, si ce n'est d'un commun accord, pour un temps, afin de vaquer à la prière ; puis retournez ensemble, de peur que Satan ne vous tente par votre incontinence.* » (1 Corinthiens 7 : 3, 5)

Chaque époux a le devoir d'honorer les besoins de l'autre, dans l'amour et la considération. Le respect du rythme, des émotions et des attentes mutuelles est essentiel pour une vie sexuelle saine et épanouie.

2.5. Une dimension spirituelle

La sexualité dans le mariage n'est pas seulement physique ; elle a une portée spirituelle. Elle participe à l'alliance sacrée du mariage, reflet de l'union entre Christ et l'Église. C'est pourquoi elle doit être vécue dans la prière, dans la sanctification, et avec reconnaissance envers Dieu.

Dans 1 Thessaloniciens 4 : 3-5, Paul dit :

> « *Ce que Dieu veut, c'est votre sanctification ; c'est que vous vous absteniez de l'impudicité ; c'est que chacun de vous sache posséder son corps dans la sainteté et l'honnêteté, sans se livrer à une passion de convoitise.* »

Cela montre que même dans l'intimité conjugale, les époux sont appelés à honorer Dieu et à se conduire avec sainteté.

A retenir :

Il faut retenir que la sexualité dans le cadre du mariage est un cadeau de Dieu, à vivre dans la fidélité, la joie, et la sainteté. Elle contribue à la solidité du couple, à leur épanouissement mutuel et à la gloire de Dieu. Les époux chrétiens sont appelés à cultiver cette dimension avec soin, amour et respect, en se souvenant qu'elle fait partie intégrante de l'alliance qu'ils ont conclue devant Dieu.

Section 3. Les objectifs de la sexualité selon Dieu

La sexualité, telle que conçue par Dieu, n'est ni un tabou ni une simple réponse à des pulsions charnelles. Elle fait partie intégrante du plan divin pour l'humanité et en particulier pour le couple marié. En lisant la Bible avec un cœur ouvert et un esprit renouvelé, on découvre que Dieu a établi des objectifs clairs et saints à la sexualité dans le cadre du mariage. En voici les principaux :

3.1. L'unité des époux

L'un des objectifs fondamentaux de la sexualité dans le mariage est de renforcer l'unité entre l'homme et la femme.

Genèse 2 : 24 nous dit :

« *C'est pourquoi l'homme quittera son père et sa mère, et s'attachera à sa femme, et ils deviendront une seule chair.* »

Ce verset exprime une réalité spirituelle et physique. L'acte sexuel est bien plus qu'un acte biologique ; il est une expression profonde de l'union totale, corps, âme et esprit. Il scelle une intimité unique, réservée exclusivement aux époux. Dans cette unité, l'homme et la femme s'ouvrent l'un à l'autre sans masque ni honte (Genèse 2 : 25), dans un climat de confiance, de respect et d'amour.

3.2. La procréation

Dès le commencement, Dieu a ordonné à l'homme et à la femme :

« *Soyez féconds, multipliez, remplissez la terre* » (Genèse 1 : 28).

La sexualité a donc aussi pour objectif la transmission de la vie. Elle permet au couple de participer à l'œuvre créatrice de Dieu. Donner naissance à un enfant n'est pas simplement un événement biologique, mais une coopération sacrée avec Dieu dans le prolongement de l'humanité. Chaque enfant est une bénédiction et un don précieux (Psaume 127 : 3). Toutefois, même si tous les couples ne peuvent pas avoir d'enfants, cela ne diminue en rien la valeur ni le sens spirituel de leur sexualité dans le mariage.

3.3. Le plaisir conjugal

Contrairement à une vision austère ou culpabilisante de la sexualité, la Bible célèbre aussi la joie et le plaisir dans l'union sexuelle des époux. Le livre du Cantique des cantiques en est une preuve éclatante. Il dépeint de manière poétique et inspirée le désir, la beauté, et le plaisir partagé dans l'amour conjugal.

Proverbes 5 : 18-19 exhorte le mari :

> « *Que ta source soit bénie, et fais ta joie de la femme de ta jeunesse… Sois en tout temps enivré de son amour.* »

Dieu ne condamne pas le plaisir dans le mariage ; Il l'a voulu. Il s'agit d'un plaisir pur, saint, dans le cadre de l'alliance du mariage, qui renforce le lien entre les conjoints et les protège des tentations extérieures.

3.4. La protection contre l'impudicité

La sexualité dans le mariage est également un moyen de préserver les époux de l'immoralité sexuelle. L'apôtre Paul, dans 1 Corinthiens 7 : 2-5, affirme clairement :

> « *A cause de l'impudicité, que chacun ait sa femme, et que chaque femme ait son mari… Ne vous privez point l'un de l'autre, si ce n'est d'un commun accord, pour un temps, afin de vaquer à la prière…* »

La sexualité régulière, vécue dans l'amour et la bienveillance, est un rempart spirituel et émotionnel contre les tentations. Elle permet aux conjoints de répondre de manière saine aux besoins du corps tout en nourrissant leur lien affectif.

3.5. L'expression de l'amour et du don de soi

Enfin, la sexualité chrétienne est un acte d'amour et de don réciproque. Elle n'est pas centrée sur soi, mais sur l'autre. Elle n'est pas égoïste, mais altruiste. Paul nous rappelle dans Ephésiens 5 : 25 :

> « *Maris, aimez vos femmes, comme Christ a aimé l'Église…* »

A retenir :

Dans l'union sexuelle, l'époux et l'épouse se donnent l'un à l'autre, dans un esprit de service, de tendresse et de respect. Ce don total reflète, dans une certaine mesure, l'amour sacrificiel du Christ pour son Église.

De la sorte, les objectifs de la sexualité selon Dieu sont profonds, saints et bénéfiques. Elle est un don divin pour unir, réjouir, protéger et multiplier. Lorsqu'elle est vécue dans le cadre voulu par Dieu, elle devient une source de bénédiction, un lieu de grâce, et une expression vivante de l'amour divin dans le couple. En redonnant à la sexualité sa juste place selon les Écritures, les époux peuvent grandir ensemble dans la sainteté, la joie et l'intimité.

Section 4. Les déviations sexuelles selon la Bible

La sexualité est un don de Dieu, conçu pour s'exprimer dans le cadre du mariage entre un homme et une femme. Cependant, à cause du péché et de la désobéissance à la volonté divine, de nombreuses pratiques sexuelles se sont développées en dehors de ce cadre, corrompant l'intention pure de Dieu. Ces pratiques, que la Bible qualifie de déviations ou d'abominations, sont des offenses à la sainteté de Dieu et ont de graves conséquences spirituelles, émotionnelles et sociales.

4.1. L'adultère

L'adultère consiste à avoir des relations sexuelles avec une personne autre que son conjoint. C'est une trahison du lien sacré du mariage. Dieu condamne fermement l'adultère :

« *Tu ne commettras point d'adultère.* » (Exode 20 : 14)

Jésus va plus loin encore en affirmant que le simple regard chargé de convoitise est déjà une forme d'adultère dans le cœur (Matthieu 5 : 27-28). L'adultère détruit la confiance, brise les familles, engendre des blessures profondes et expose les personnes à la discipline divine.

4.2. La fornication

La fornication est l'ensemble des relations sexuelles en dehors du mariage, y compris les relations entre célibataires. La Bible classe la fornication parmi les œuvres de la chair :

> « *Fuyez l'impudicité. Quelque autre péché qu'un homme commette, ce péché est hors du corps ; mais celui qui se livre à l'impudicité pèche contre son propre corps.* » (1 Corinthiens 6 : 18)

Le chrétien est appelé à vivre dans la sainteté et à réserver l'acte sexuel au cadre sacré du mariage. La fornication, bien qu'elle soit aujourd'hui banalisée par la société, reste un péché aux yeux de Dieu.

4.3. L'homosexualité

L'homosexualité, c'est-à-dire les relations sexuelles entre personnes du même sexe, est également condamnée dans la Parole de Dieu. Paul écrit :

> « *C'est pourquoi Dieu les a livrés à des passions infâmes : car leurs femmes ont changé l'usage naturel en celui qui est contre nature ; et de même les hommes, abandonnant l'usage naturel de la femme, se sont enflammés dans leurs désirs les uns pour les autres…* » (Romains 1 : 26-27)

Cela ne signifie pas que les personnes qui ressentent ces attirances sont rejetées par Dieu, mais que l'expression de ces désirs en actes sexuels est contraire à son plan. Comme tout péché, l'homosexualité peut être pardonnée par la grâce de Dieu pour quiconque se repent sincèrement.

4.4. La pornographie et les pensées impures

La pornographie est une autre forme de déviation sexuelle qui agit subtilement mais puissamment sur le cœur et l'esprit. Jésus a déclaré :

> « *Quiconque regarde une femme pour la convoiter a déjà commis un adultère avec elle dans son cœur.* » (Matthieu 5 : 28)

La pornographie alimente la convoitise, détruit l'image saine de la sexualité, isole émotionnellement les individus et affaiblit la relation conjugale. Elle est un poison silencieux dans de nombreux foyers chrétiens. Le croyant est appelé à sanctifier ses pensées et à fuir ce qui excite la convoitise.

4.5. La masturbation

Bien que la Bible ne mentionne pas explicitement la masturbation, elle appelle les croyants à la pureté de pensée et à la maîtrise de soi. La masturbation est souvent liée à des pensées impures ou à la consommation de contenus pornographiques. Elle pousse à une sexualité centrée sur soi, alors que Dieu a voulu une sexualité tournée vers le don à l'autre, dans le mariage.

Le chrétien doit chercher la sanctification dans tous les domaines de sa vie :

> « *Car la volonté de Dieu, c'est votre sanctification : c'est que vous vous absteniez de la débauche…* » (1 Thessaloniciens 4 : 3).

4.6. L'inceste et les relations interdites

La Bible interdit clairement les relations sexuelles entre membres proches d'une même famille. Lévitique 18 contient une longue liste de relations sexuelles interdites, y compris l'inceste.

Ce type de relation dénature l'ordre établi par Dieu et engendre souvent des blessures psychologiques profondes.

Voici un extrait significatif :

« *Nul de vous ne s'approchera de sa parente proche, pour découvrir sa nudité. Je suis l'Éternel.* » (Lévitique 18 : 6)

Ce verset sert d'introduction à une longue liste d'interdictions détaillées qui suivent, énumérant les formes d'inceste spécifiques, comme par exemple :

- Lévitique 18 : 7 – la nudité de son père ou de sa mère
- Lévitique 18 : 9 – la nudité de sa sœur
- Lévitique 18 : 10 – la nudité de la fille de son fils ou de sa fille
- Lévitique 18 : 11 – la nudité de la fille de la femme de son père
- Lévitique 18 : 12 à 18 – autres membres de la famille élargie (tante, belle-fille, belle-sœur, etc.)

Ces interdictions montrent que Dieu a placé des limites claires autour de la sexualité, afin de préserver la sainteté, l'ordre familial, et la dignité humaine. L'inceste est donc clairement identifié comme une abomination (Lévitique 18 : 29-30), et les conséquences spirituelles étaient graves sous l'Ancienne Alliance.

4.7. La bestialité

La bestialité, ou relations sexuelles avec des animaux, est catégoriquement condamnée par la Bible :

« *Tu ne coucheras point avec une bête pour te souiller avec elle.* » (Lévitique 18 : 23)

C'est une dégradation complète de la dignité humaine et une perversion du plan divin pour la sexualité.

De toute évidence, toutes les déviations sexuelles sont des expressions de la rébellion humaine contre l'ordre divin. Elles éloignent de Dieu, souillent le corps et l'âme, et entraînent des conséquences graves. Mais Dieu, dans sa grâce, offre le pardon à celui qui se repent. En Jésus-Christ, il est possible d'être purifié, restauré et renouvelé :

« *Si nous confessons nos péchés, il est fidèle et juste pour nous les pardonner, et pour nous purifier de toute iniquité.* » (1 Jean 1 : 9)

> *Le chrétien est appelé à rejeter les pratiques impures, à vivre dans la lumière, et à rechercher la sainteté dans tous les aspects de sa vie, y compris dans sa sexualité.*

Section 5. La rédemption et la restauration de la sexualité

La sexualité humaine, telle que voulue par Dieu, est belle, pure et profondément significative. Toutefois, dans un monde marqué par le péché, elle a été pervertie, blessée, déformée. Nombreux sont ceux qui portent les cicatrices de fautes passées, d'abus subis, d'addictions sexuelles ou de pratiques qui les ont éloignés du plan divin. Mais la bonne nouvelle de l'Évangile est que Dieu ne nous laisse pas dans notre état de chute : Il offre la rédemption et la restauration, y compris dans le domaine de la sexualité.

5.1. Jésus-Christ, le rédempteur de tout notre être

Le salut en Jésus-Christ ne se limite pas à notre esprit ou à notre vie après la mort. Il touche tout notre être : esprit, âme et corps (1 Thessaloniciens 5 : 23). La sexualité, étant une partie essentielle de notre humanité, est également incluse dans cette œuvre rédemptrice. Jésus a porté à la croix nos péchés sexuels, nos hontes, nos blessures et nos dépendances. Par son sang, il nous purifie et nous libère.

> « *Si donc le Fils vous affranchit, vous serez réellement libres.* » (Jean 8 : 36)

Il n'existe aucune faute sexuelle que le sang de Jésus ne puisse laver. Que ce soit l'adultère, la pornographie, l'impureté, l'homosexualité, la fornication ou les blessures dues à des abus, la croix est le lieu de la guérison. Le pardon est offert à celui ou celle qui se repent sincèrement et revient à Dieu avec foi.

5.2. La restauration du cœur et de l'identité

La rédemption est suivie de la restauration. Dieu ne se contente pas de pardonner ; Il reconstruit. Il restaure la dignité, la pureté, l'image de soi, et le respect du corps. Beaucoup, après avoir vécu dans la confusion ou la honte sexuelle, redécouvrent à travers la Parole et l'œuvre du Saint-Esprit la beauté de leur identité en Christ.

> « *Si quelqu'un est en Christ, il est une nouvelle créature. Les choses anciennes sont passées ; voici, toutes choses sont devenues nouvelles.* » (2 Corinthiens 5 : 17)

Cela signifie que Dieu peut donner un nouveau départ. Il peut guérir les blessures profondes, renouveler le regard qu'un homme ou une femme porte sur son propre corps, et restaurer la capacité d'aimer et de vivre la sexualité dans le cadre sain du mariage.

5.3. Un processus de transformation

La restauration sexuelle est souvent un chemin, pas seulement un événement instantané. Dieu travaille progressivement en nous, à travers :

- La Parole de Dieu, qui nous enseigne la vérité et renouvelle notre intelligence (Romains 12 : 2) ;
- La prière, où nous recevons la force et la guérison de Dieu ;
- L'accompagnement spirituel ou pastoral, qui permet d'être écouté, soutenu, guidé ;
- La communion avec d'autres croyants, qui favorise la transparence, le soutien mutuel et l'encouragement à la sainteté.

Ce processus peut inclure la délivrance, la thérapie (dans certains cas), la confession des péchés, et l'engagement renouvelé à vivre selon les voies de Dieu.

5.4. Le témoignage de la grâce

Quand Dieu restaure une vie brisée par la sexualité désordonnée, ce témoignage devient une source d'espérance pour d'autres. Il n'est jamais trop tard pour être transformé. Le passé ne détermine pas l'avenir en Christ. Ainsi, plusieurs couples et individus deviennent eux-mêmes témoins vivants de la grâce de Dieu, affirmant par leur vie que :

> « *Là où le péché a abondé, la grâce a surabondé.* »
> (Romains 5 : 20)

5.5. Une sexualité rachetée pour glorifier Dieu

Le but ultime de la rédemption sexuelle est que notre sexualité glorifie Dieu. Dans le mariage, cela se manifeste par une intimité saine, respectueuse, fidèle et joyeuse entre les époux. Une sexualité rachetée ne cherche pas la satisfaction égoïste, mais l'expression de l'amour selon Dieu, empreint de respect, de tendresse et de don de soi.

> « *Glorifiez donc Dieu dans votre corps.* » (1 Corinthiens 6 : 20)

En conclusion de cette section, Dieu est capable de tout restaurer. Même ce que nous croyons irrémédiablement brisé peut être reconstruit par sa grâce. La sexualité, quand elle est soumise à Dieu, devient une source de bénédiction, d'unité et de louange. Que celui ou celle qui se sent perdu(e) sache ceci : il y a une espérance, il y a un chemin, et ce chemin s'appelle Jésus-Christ.

Chapitre 10 – Le choix du conjoint pour le mariage selon Dieu

Avant de s'engager dans le mariage, chaque croyant est confronté à une question essentielle : *comment choisir le bon conjoint selon la volonté de Dieu ?* Ce choix ne peut être laissé au hasard, ni basé uniquement sur des sentiments ou des critères humains.

Le mariage, selon Dieu, est une alliance sacrée, un partenariat divinement ordonné pour refléter l'amour du Christ et accomplir une mission commune. Il mérite donc d'être préparé avec sérieux, foi et discernement.

Dans un monde où les critères de choix sont souvent superficiels, attirance physique, compatibilité sociale ou succès matériel, la Parole de Dieu nous appelle à un regard différent. Dieu ne regarde pas comme l'homme regarde ; Il sonde les cœurs et connaît les intentions. Pour faire un bon choix, il faut apprendre à voir avec les yeux de Dieu, à écouter Sa voix, et à se soumettre à Sa direction.

Ce chapitre a pour but d'éclairer les croyants sur les principes bibliques qui doivent guider le choix du conjoint. Nous verrons les qualités essentielles à rechercher, les erreurs à éviter, le rôle de la prière, du conseil spirituel et du temps, ainsi que les signes qui peuvent confirmer, ou infirmer, un choix. Que ce soit pour les célibataires en attente ou pour les jeunes couples en discernement, ces enseignements visent à poser les fondations d'un mariage qui glorifie Dieu et apporte la paix.

Section 1. Dieu est le premier conseiller dans le choix du conjoint

Avant toute autre considération, le croyant doit reconnaître que Dieu est l'auteur du mariage. Il est donc naturel, et même essentiel, de le consulter en premier lorsqu'il s'agit de choisir la personne avec qui l'on va s'unir pour la vie. Ce choix ne devrait pas être fait à la légère, ni basé uniquement sur nos préférences personnelles, mais dans une attitude de soumission à la volonté divine.

1.1. Se confier à Dieu

Le livre des Proverbes nous enseigne :

> « *Confie-toi en l'Éternel de tout ton cœur, et ne t'appuie pas sur ton intelligence ; reconnais-le dans toutes tes voies, et il aplanira tes sentiers.* » (Proverbes 3 : 5-6)

Dieu désire que nous nous appuyions sur Lui dans tous les aspects de notre vie, y compris dans le choix du conjoint. Il connaît le cœur de chacun, les choses cachées que nous ne pouvons pas voir à l'œil nu. Ce que nos yeux voient, ce que nos émotions ressentent, ce que notre raison calcule – tout cela peut nous tromper. Mais Dieu, Lui, voit le cœur et l'avenir.

1.2. L'exemple d'Isaac et Rébecca

Un bel exemple de choix conduit par Dieu se trouve dans Genèse 24, lorsque le serviteur d'Abraham est envoyé pour trouver une épouse à Isaac. Il ne choisit pas selon ses propres critères : il prie d'abord, avec foi, et demande à Dieu de diriger ses pas. Il dit :

> *« Éternel, Dieu de mon seigneur Abraham, fais-moi, je te prie, rencontrer aujourd'hui ce que je désire… »* (Genèse 24:12)

Et Dieu répond à cette prière avec précision. Rébecca ne fut pas seulement belle à voir ; elle était généreuse, respectueuse, travailleuse – et surtout, elle faisait partie du peuple de Dieu. Le serviteur reconnaît aussitôt que Dieu avait dirigé son choix.

Ce récit montre que la prière et la foi sont des clés fondamentales dans le processus de discernement. Ce n'est pas une simple affaire de hasard ou de feeling, mais une démarche spirituelle.

1.3. Dieu se soucie de ton futur

Certains pensent que Dieu est trop occupé pour s'occuper de leur vie sentimentale, ou que ce genre de sujet est trop personnel pour être confié à Lui. C'est une erreur ! Dieu se soucie profondément de notre bonheur, de notre sanctification, de notre avenir.

> *« Car je connais les projets que j'ai formés sur vous, dit l'Éternel, projets de paix et non de malheur, afin de vous donner un avenir et une espérance. »* (Jérémie 29 : 11)

Dieu veut le meilleur pour ses enfants. Il ne nous impose pas un choix, mais il nous guide si nous le cherchons de tout cœur.

Mettre Dieu à la première place dans le choix du conjoint, c'est un signe de sagesse, d'humilité et de foi.

Section 2. Les critères bibliques pour choisir un conjoint

Le monde propose toutes sortes de critères pour choisir un conjoint : beauté physique, statut social, compatibilité émotionnelle, intérêts communs… Ces choses ont leur place, mais elles ne suffisent pas à garantir un mariage stable et selon Dieu. La Bible, elle, nous donne des repères spirituels et moraux solides pour faire un choix éclairé, aligné avec la volonté divine.

2.1. La foi en Jésus-Christ

Le premier critère fondamental est l'appartenance à la même foi. Un mariage selon Dieu ne peut unir qu'un homme et une femme qui marchent ensemble dans le Seigneur. L'apôtre Paul l'exprime clairement :

> « *Ne vous mettez pas avec les infidèles sous un joug étranger. Car quel rapport y a-t-il entre la justice et l'iniquité ? Ou qu'y a-t-il de commun entre la lumière et les ténèbres ?* » (2 Corinthiens 6 : 14)

Ce principe ne repose pas sur un jugement humain, mais sur la paix spirituelle et la communion. Deux personnes peuvent bien s'aimer, mais si elles ne partagent pas la même foi vivante, tôt ou tard des tensions profondes surgiront, notamment dans l'éducation des enfants, les choix de vie, ou le service pour Dieu.

2.2. Le caractère spirituel et moral

Dieu ne regarde pas à l'apparence, mais au cœur (1 Samuel 16 : 7). Le choix d'un conjoint ne doit pas se limiter à ce que l'on voit extérieurement, mais surtout à ce que la personne est intérieurement : un homme ou une femme qui manifeste le caractère de Christ.

> « *Le fruit de l'Esprit, c'est l'amour, la joie, la paix, la patience, la bonté, la bienveillance, la foi, la douceur, la maîtrise de soi.* » (Galates 5 : 22-23)

Le vrai amour se construit sur la patience, le respect, la fidélité, la douceur. Ce sont ces qualités qui soutiendront le couple dans les moments difficiles, pas les émotions passagères.

2.3. La maturité émotionnelle et spirituelle

Il ne suffit pas d'être chrétien ; encore faut-il avoir une maturité dans la gestion des émotions, des conflits, des responsabilités. Une personne qui n'est pas encore guérie de ses blessures, instable dans ses choix ou dépendante affectivement, n'est pas prête pour le mariage.

Dieu cherche des hommes et des femmes solides, capables de bâtir un foyer selon ses principes. Le mariage ne guérit pas les blessures du cœur – il les révèle. D'où l'importance de choisir quelqu'un qui marche déjà avec Dieu dans la vérité, la discipline et la stabilité.

2.4. La vision commune : marcher dans la même direction

Le prophète Amos pose une question très pertinente :

« *Deux hommes marchent-ils ensemble, sans en être convenus ?* » (Amos 3 : 3)

Un couple uni selon Dieu doit partager des valeurs, des objectifs et une mission commune. Il ne s'agit pas de tout faire pareil, mais d'avoir une direction compatible. Si l'un veut servir Dieu activement et l'autre préfère une vie éloignée de la foi, cela créera des tiraillements permanents.

Choisir un conjoint, c'est aussi discerner : Avons-nous la même vision pour le futur ? Pouvons-nous bâtir ensemble pour la gloire de Dieu ?

Section 3. Les pièges à éviter dans le choix du conjoint

Même avec de bonnes intentions, il est possible de faire un mauvais choix si l'on ne veille pas. Plusieurs erreurs communes peuvent détourner le croyant de la volonté de Dieu.

Les Écritures et l'expérience nous mettent en garde contre ces pièges qui peuvent avoir de lourdes conséquences sur le long terme.

3.1. Se laisser guider par l'apparence extérieure

Ce fut l'erreur de Samuel lorsqu'il crut que le fils aîné d'Isaï était forcément l'élu de Dieu à cause de son apparence :

> « *L'Éternel ne considère pas ce que l'homme considère ; l'homme regarde à ce qui frappe les yeux, mais l'Éternel regarde au cœur.* » (1 Samuel 16 : 7)

La beauté physique, l'élégance ou le charisme peuvent impressionner, mais ils ne garantissent ni la fidélité, ni la douceur, ni la capacité à bâtir un foyer solide. Un choix fondé sur le seul attrait physique est souvent un feu de paille.

3.2. Céder à la précipitation ou à la peur

Certains se sentent pressés par l'âge, la solitude ou la pression familiale et prennent des décisions sans prier, sans discerner, ni consulter Dieu. Mais la précipitation est souvent l'ennemie du discernement :

> « *Celui qui agit avec précipitation s'expose à la pauvreté.* » (Proverbes 21 : 5b)

La peur d'être seul(e) peut pousser à accepter des relations toxiques ou incompatibles. Dieu ne bénit pas les choix motivés par la crainte, mais ceux faits avec foi et patience.

3.3. Ignorer les signaux d'alarme

Beaucoup de croyants ignorent volontairement certains signes d'avertissement dans le comportement de la personne qu'ils fréquentent : violence verbale ou physique, jalousie excessive, mensonges répétés, instabilité spirituelle, immaturité…

L'amour véritable ne rend pas aveugle : il ouvre les yeux sur la réalité. Dieu avertit souvent par des signaux clairs. Les ignorer, c'est choisir de souffrir.

« *Le prudent voit le mal et se cache ; les simples avancent et en sont punis.* » (Proverbes 22 : 3)

3.4. S'unir pour de mauvaises raisons

Il est aussi dangereux de choisir un conjoint pour des motifs égoïstes ou superficiels : argent, statut social, besoin affectif, désir sexuel, vengeance, etc. Le mariage selon Dieu ne repose pas sur des intérêts personnels, mais sur l'amour, le service et l'appel de Dieu.

Un mariage fondé sur le besoin plutôt que sur la conviction divine risque de s'effondrer quand les circonstances changent. Dieu ne nous appelle pas à épouser une personne pour combler un vide, mais pour bâtir une alliance à sa gloire.

Section 4. Le rôle de la prière et de l'écoute de Dieu

Le choix du conjoint n'est pas simplement un acte de bon sens ou d'émotion. C'est un engagement spirituel, qui exige de la prière sincère, de l'écoute attentive et une profonde dépendance à Dieu. Celui qui veut un mariage selon Dieu doit commencer par chercher la pensée de Dieu, car Dieu parle, et Il désire guider ceux qui Lui appartiennent.

4.1. Chercher Dieu avec un cœur sincère

Dieu n'est pas indifférent à notre désir de nous marier. Il veut être impliqué dans notre décision. C'est pourquoi nous devons commencer par une prière honnête, sans masque, sans précipitation :

> « *Faites en tout connaître vos besoins à Dieu par des prières et des supplications, avec des actions de grâces.* » (Philippiens 4 : 6)

Prier pour le choix du conjoint, c'est reconnaître notre dépendance à Dieu. C'est lui dire :

> «*Seigneur, je ne veux pas choisir selon ma chair, mais selon Ton Esprit. Conduis-moi, montre-moi Ta volonté.*»

4.2. Écouter la voix de Dieu

Prier, ce n'est pas seulement parler à Dieu ; c'est aussi apprendre à L'écouter. Dieu peut répondre de différentes manières :

- Par une paix intérieure : un sentiment profond de repos ou, au contraire, d'agitation.
- Par sa Parole : un verset, un passage qui éclaire notre situation.
- Par les circonstances : portes ouvertes ou fermées, confirmations claires.
- Par les conseils de personnes remplies du Saint-Esprit.

> « *Mes brebis entendent ma voix ; je les connais, et elles me suivent.* » (Jean 10 : 27)

Le croyant doit développer une intimité avec Dieu, afin de discerner Sa voix parmi les autres. Plus notre relation avec Dieu est profonde, plus notre discernement est aiguisé.

4.3. Accepter la réponse de Dieu, même si elle surprend

Parfois, Dieu peut dire non, ou attends, ou Il peut orienter notre regard vers une personne à laquelle nous n'avions pas pensé. Son plan est toujours meilleur que le nôtre.

> « *Car mes pensées ne sont pas vos pensées, et vos voies ne sont pas mes voies, dit l'Éternel.* » (Ésaïe 55 : 8)

Il faut donc avoir un cœur soumis, prêt à obéir, même si cela va à contre-courant de nos émotions ou de nos attentes. Le véritable croyant dit :

> « *Non pas ma volonté, mais la tienne.* »

4.4. Persévérer dans la prière

Le choix du conjoint est parfois une attente longue. Mais Dieu honore ceux qui persévèrent sans se lasser, sans se détourner de Lui. L'attente n'est pas une punition ; c'est souvent une préparation.

> «*Ceux qui espèrent en l'Éternel renouvellent leur force.*»
> (Esaïe 40 : 31)

Le bon choix au bon moment vaut mieux que mille décisions précipitées. Dieu agit toujours avec perfection, ***ni trop tôt, ni trop tard****.*

Section 5. Le conseil des parents et des autorités spirituelles

Le choix du conjoint, bien qu'il soit personnel, ne devrait pas se faire dans l'isolement. Dieu place sur notre chemin des personnes matures, spirituelles et expérimentées qui peuvent nous accompagner, nous conseiller et parfois même nous avertir. Parmi elles, on trouve les parents et les autorités spirituelles, comme les pasteurs, les anciens ou des mentors chrétiens.

5.1. L'importance d'un regard extérieur

Parfois, l'amour rend aveugle. Une personne très impliquée émotionnellement peut ne pas voir certains défauts, incompatibilités ou dangers évidents. Des personnes extérieures, pleines de sagesse et de crainte de Dieu, peuvent nous aider à voir plus clair, avec recul et discernement.

> « *Quand les conseils font défaut, le peuple tombe ; le salut est dans le grand nombre des conseillers.* » (Proverbes 11 : 14)

Cela ne signifie pas qu'il faut laisser les autres choisir à notre place, mais que le dialogue et l'écoute sont des formes d'humilité et de sagesse.

5.2. Honorer les parents dans le processus

La Bible insiste sur l'importance d'honorer ses parents :

> « *Honore ton père et ta mère – c'est le premier commandement avec une promesse.* » (Ephésiens 6 : 2)

Cela ne signifie pas que les parents ont toujours raison, ni qu'ils doivent imposer leur volonté. Mais leur avis mérite d'être écouté et considéré avec respect. Même si la décision finale appartient à l'individu, un cœur docile et respectueux est précieux devant Dieu.

Bien sûr, dans certains contextes, des parents peuvent s'opposer pour des raisons injustes (ethnie, classe sociale, orgueil…). Dans ces cas, il est important de prier, dialoguer avec sagesse, et si nécessaire, demander conseil à des responsables spirituels.

5.3. L'accompagnement spirituel

Un pasteur, un conseiller spirituel ou un ancien peuvent également jouer un rôle précieux. Ils peuvent poser des questions, prier avec nous, nous aider à discerner les motivations du cœur, et valider ou remettre en question certaines décisions.

Dans l'histoire de Ruth, nous voyons comment Naomi, sa belle-mère, l'a conseillée avec amour et sagesse :

> « *Ma fille, je chercherai à t'assurer du repos, afin que tu sois heureuse.* » (Ruth 3 : 1)

Naomi n'a pas imposé, mais elle a orienté, encouragé et soutenu Ruth dans une démarche de foi.

5.4. Le danger de rejeter tout conseil

Une personne qui rejette systématiquement les avis extérieurs – surtout ceux des personnes spirituellement matures –

s'expose à l'aveuglement et à des choix dangereux. Dieu peut parler par des voies diverses, et parfois, c'est par la bouche d'un parent, d'un mentor ou d'un pasteur qu'Il nous adresse un avertissement ou une confirmation.

> « *L'oreille attentive aux réprimandes qui mènent à la vie fait son séjour au milieu des sages.* » (Proverbes 15 : 31)

Section 6. Les signes qui confirment, ou qui infirment, le choix du conjoint

Le choix d'un conjoint est une décision majeure dans la vie d'un croyant. Dieu ne veut pas que ses enfants s'engagent dans le mariage à la légère, ni selon des critères purement humains ou émotionnels. Il désire les guider vers une union qui glorifie Son nom et accomplit Ses desseins. Il est donc essentiel de discerner les signes par lesquels Dieu confirme ou infirme un choix.

6.1. La paix intérieure et la confirmation spirituelle

L'un des premiers signes que Dieu donne pour confirmer un choix, c'est la paix profonde qui habite le cœur du croyant.

> « *Et que la paix de Christ, à laquelle vous avez été appelés pour former un seul corps, règne dans vos cœurs.* » (Colossiens 3 : 15)

Lorsque Dieu approuve une union, Il accorde une paix qui ne dépend pas des circonstances extérieures. Même s'il y a des défis, cette paix reste constante. À l'inverse, si une agitation persistante, un malaise intérieur ou des doutes grandissants accompagnent la relation, cela peut être un signe que Dieu n'approuve pas ce choix.

La prière fervente, les temps de jeûne et l'écoute attentive du Saint-Esprit permettent aussi de recevoir une confirmation spirituelle, parfois accompagnée de rêves, de paroles prophétiques ou de versets bibliques éclairants.

6.2. L'accord avec les principes bibliques

Dieu ne contredit jamais Sa Parole. Le choix d'un conjoint doit donc être en accord avec les enseignements bibliques.

- Est-ce que la personne est née de nouveau et engagée avec Christ ?

  « *Ne vous mettez pas avec les infidèles sous un joug étranger.* » (2 Corinthiens 6 : 14)
- Pratique-t-elle les valeurs chrétiennes : amour, fidélité, vérité, respect, humilité ?
- A-t-elle une vie de prière, de sanctification et de service dans l'Église ?

Si la relation pousse au péché, au compromis spirituel, à l'éloignement de Dieu, ou si elle est fondée sur des mensonges, cela infirme clairement que ce choix vient de Dieu.

6.3. L'harmonie des visions et des objectifs de vie

Un signe important que Dieu peut utiliser pour confirmer un choix est l'unité dans la vision de vie et la mission. Deux personnes appelées à marcher ensemble doivent aller dans la même direction.

> « *Deux hommes marchent-ils ensemble, sans en être convenus ?* » (Amos 3 : 3)

Dieu unit des personnes qui se complètent pour accomplir un dessein commun : fonder une famille chrétienne, servir dans l'Église, évangéliser, soutenir les pauvres, etc.

Si les visions sont radicalement opposées (par exemple, l'un veut servir Dieu dans les missions et l'autre refuse toute implication spirituelle), cela peut être un signe d'incompatibilité profonde, et donc une alerte spirituelle.

6.4. L'approbation des autorités spirituelles et parentales

Dieu parle aussi à travers les autorités spirituelles et les parents. Lorsqu'un pasteur, un mentor spirituel ou les parents craignent une union et expriment des réserves claires, il ne faut pas les négliger.

> « *Là où il n'y a pas de direction sage, le peuple tombe ; mais dans le grand nombre des conseillers, il y a la sécurité.* » (Proverbes 11 : 14)

Une opposition raisonnable, motivée par des éléments spirituels ou moraux, peut être un signe que Dieu tente d'alerter. À l'inverse, l'approbation spirituelle et familiale peut être un signe fort de confirmation.

6.5. La présence ou l'absence de fruits spirituels

Jésus a dit :

« *C'est à leurs fruits que vous les reconnaîtrez.* » (Matthieu 7 : 16)

Une relation approuvée par Dieu porte des fruits de l'Esprit : amour, joie, paix, patience, bonté, fidélité, etc. Elle vous rapproche de Dieu, augmente votre zèle spirituel, vous rend meilleur.

Mais une relation qui engendre la tristesse, la confusion, la colère, l'orgueil, l'isolement ou la désobéissance est un signe d'alarme. Elle montre que le choix n'est pas conduit par Dieu, mais par la chair, la peur ou les passions.

6.6. Les circonstances providentielles ou les blocages répétés

Dieu peut aussi parler à travers les circonstances. Parfois, Il ouvre des portes avec fluidité et favorise des rencontres, des opportunités, des affections réciproques. Dans d'autres cas, Il permet des obstacles persistants : désaccords majeurs, révélations de mensonges, ruptures inexpliquées, empêchements multiples.

Ce n'est pas toujours un « non » définitif, mais cela doit pousser à la prière et au discernement. Dieu ferme parfois des portes pour protéger, purifier, ou rediriger.

En définitive, le choix du conjoint ne repose pas seulement sur des sentiments, mais sur une conduite divine claire. Dieu parle à ceux qui veulent L'écouter. Il confirme ou infirme un choix par Sa paix, Sa Parole, les fruits de l'Esprit, les autorités spirituelles et les circonstances. Celui qui s'appuie sur le Seigneur et attend Son temps ne sera pas confondu. Car Dieu veut non seulement que nous nous marions, mais surtout que nous nous marions selon Sa volonté parfaite.

> « *Fais de l'Éternel tes délices, et il te donnera ce que ton cœur désire.* » (Psaume 37 : 4)

Section 7. Témoignages et exemples bibliques

Les Écritures regorgent d'histoires de couples, certains ayant été bénis par leur obéissance à Dieu, d'autres ayant connu des difficultés à cause de mauvais choix.

Ces exemples ne sont pas là pour juger, mais pour instruire et éclairer notre propre chemin. De plus, les témoignages vécus aujourd'hui montrent que Dieu reste fidèle à guider ceux qui le cherchent sincèrement.

7.1. Isaac et Rébecca : une union dirigée par Dieu

Comme mentionné plus haut, l'histoire d'Isaac et Rébecca (Genèse 24) est un modèle de foi, de prière et de soumission à la volonté de Dieu. Abraham confie à son serviteur une mission claire : choisir une épouse pour son fils parmi le peuple de Dieu, et non parmi les païens.

Le serviteur ne s'appuie pas sur son instinct : il prie, observe, et reconnaît l'intervention divine dans le comportement de Rébecca. Cette histoire nous enseigne qu'un choix dirigé par Dieu peut apporter paix, bénédiction et stabilité.

7.2. Samson : un choix impulsif et charnel

Au contraire, Samson (Juges 14) est un exemple de choix motivé par les yeux et les désirs, sans tenir compte de la volonté de Dieu. Il insista pour épouser une femme philistine, en disant :

« *Je l'aime. Prends-la pour moi.* » (Juges 14 : 3)

Son choix fut marqué par des conflits, de la trahison, et finalement la destruction. Il est tragique de constater que la force de Samson ne l'a pas sauvé d'un mauvais choix amoureux. Cela nous rappelle que le charisme ou la puissance spirituelle ne remplacent pas l'obéissance et le discernement.

7.3. Boaz et Ruth : un choix réfléchi et honorable

Boaz, homme pieux et respecté, choisit Ruth, une femme vertueuse et fidèle à Dieu. Leur histoire est marquée par l'intégrité, le respect et la foi. Boaz prend le temps de suivre la procédure légale et spirituelle, sans se précipiter. Dieu bénira cette union en leur donnant un fils, Obed, ancêtre de David… et donc ancêtre du Messie.

Ce témoignage montre que même lorsqu'on vient d'un passé difficile (Ruth était veuve et étrangère), Dieu peut restaurer et bénir une union fondée sur la fidélité.

7.4. Des témoignages d'aujourd'hui

De nombreux couples chrétiens témoignent qu'ils ont attendu la direction de Dieu, parfois au prix de l'attente, de renoncements ou de critiques. Mais avec le temps, ils ont vu que l'obéissance porte du fruit : une relation équilibrée, une paix intérieure, une unité spirituelle.

D'autres, hélas, partagent comment ils ont ignoré les avertissements, fait confiance à leur propre jugement, et connu des années de douleur, de division ou même de divorce.

Ces récits réels nous rappellent que le choix du conjoint n'est pas neutre : il influence notre destinée. Mais ils rappellent aussi que la grâce de Dieu est disponible, même après des erreurs, pour relever, guérir et restaurer ceux qui se tournent vers Lui.

En conclusion du chapitre 10 :

Le choix du conjoint est sans doute l'une des décisions les plus importantes de toute une vie. Il ne s'agit pas simplement d'un choix affectif ou émotionnel, mais d'un engagement sacré devant Dieu, avec des implications spirituelles, morales, émotionnelles et pratiques profondes. C'est pourquoi il est essentiel de ne pas se précipiter, ni de se laisser guider uniquement par les apparences, les sentiments ou les pressions sociales.

Dieu, dans sa sagesse, ne nous laisse pas livrés à nous-mêmes dans ce domaine crucial. Par sa Parole, il nous offre des principes clairs, des repères sûrs et un cadre spirituel sain pour discerner. Il nous invite à rechercher un conjoint avec qui nous pourrons bâtir une vie selon Sa volonté : un partenaire né de nouveau, craignant Dieu, mûr spirituellement, engagé, fidèle, et prêt à cheminer dans l'amour et le respect mutuel.

La prière fervente, la patience, la sagesse des conseillers spirituels, et l'écoute attentive du Saint-Esprit sont autant de ressources précieuses pour faire un choix éclairé. Le but n'est pas de trouver une personne parfaite — car elle n'existe pas — mais quelqu'un avec qui grandir dans le Seigneur, affronter les défis de la vie, et accomplir ensemble la mission divine du mariage.

En définitive, choisir son conjoint selon Dieu, c'est honorer le Créateur du mariage, et s'inscrire dans une dynamique de bénédiction, de paix et de croissance. Que chaque lecteur ou lectrice de ce livre prenne à cœur cette vérité : Dieu veut vous guider, et si vous lui faites confiance, il placera sur votre chemin la personne qui correspond à Son plan parfait pour votre vie.

Conclusion générale

Le mariage selon Dieu n'est pas une simple institution humaine, mais un chef-d'œuvre divin, conçu pour refléter Son amour, Sa fidélité et Sa gloire. Il est le lieu où deux êtres imparfaits, unis par une alliance sacrée, apprennent à aimer, à pardonner, à servir et à grandir ensemble sous le regard de Dieu.

À travers les pages de ce livre, nous avons redécouvert :

- L'origine divine du mariage, établi dès la création ;
- Les objectifs spirituels que Dieu a assignés à l'union conjugale ;
- La nécessité de l'engagement, de la fidélité et du pardon ;
- La richesse de l'intimité physique, émotionnelle et spirituelle ;
- L'art de gérer les conflits avec sagesse, amour et maturité, et bien d'autres sujets.

Le mariage n'est pas toujours facile, mais avec Dieu au centre, il devient possible de surmonter les défis, de construire un foyer solide et d'expérimenter une joie profonde. Ce n'est pas la perfection qui fait la beauté du mariage, mais la présence de Dieu, la grâce mutuelle, et la volonté constante de marcher selon Sa Parole.

Si tu es marié, que ces pages t'aident à renouveler ton engagement et à raviver la flamme de ton amour.

Si tu te prépares au mariage, qu'elles t'aident à bâtir sur un fondement sûr.

Et si ton mariage traverse des tempêtes, n'oublie pas : rien n'est trop brisé pour que Dieu ne puisse le restaurer.

> « *Ce que Dieu a uni, que l'homme ne le sépare.* » (Matthieu 19 : 6)

Que ton mariage glorifie Dieu, bénisse ta maison, et serve de lumière dans ce monde.

Annexes

Cette partie vise à rendre l'ouvrage encore plus pratique et spirituellement enrichissant pour les couples qui le liront. Elle contient trois points principaux :

1. Textes bibliques pour méditation en couple

Ces passages sont choisis pour nourrir la vie spirituelle du couple, renforcer leur union et offrir des fondements solides pour la prière, la réflexion et le dialogue conjugal. Il est recommandé que les époux prennent un moment ensemble (quotidiennement ou hebdomadairement) pour lire, méditer et discuter de ces versets.

A titre indicatif :

- Genèse 2:18-24 – Le dessein de Dieu dans la création du mariage
- Ecclésiaste 4:9-12 – La force de l'unité dans le couple
- Proverbes 5:18-19 – La joie dans la fidélité conjugale
- 1 Corinthiens 13:4-7 – L'amour selon Dieu
- Ephésiens 5:22-33 – Le rôle du mari et de la femme dans le Christ
- 1 Pierre 3:1-7 – Le respect mutuel et la vie commune en Christ
- Colossiens 3:12-17 – Vivre ensemble dans l'amour et le pardon

- Psaume 127 – L'importance de Dieu dans la construction du foyer
- Matthieu 19:3-6 – L'indissolubilité du mariage
- Philippiens 2:1-5 – L'humilité et l'unité dans la relation

Ces passages peuvent être médités ensemble avec une simple prière et un temps de partage personnel sur ce que chacun retient du texte.

2. Prières pour les époux

Voici des modèles de prières que les conjoints peuvent utiliser ensemble ou individuellement. Elles servent de guide pour développer une vie de prière active au sein du couple.

A titre indicatif :

a) Prière pour l'amour et l'unité

Seigneur notre Dieu,

Nous te remercions pour le don du mariage.

Apprends-nous à nous aimer comme Christ a aimé l'Église.

Délivre-nous de l'égoïsme, de l'orgueil et de l'indifférence.

Renforce notre unité et que ton Esprit Saint règne dans notre foyer.

Que notre amour grandisse chaque jour à ta gloire.

Amen.

b) Prière pour le pardon et la réconciliation

Père céleste,

Tu nous as appelés à la paix et au pardon.

Aide-nous à ne pas laisser la colère ni les blessures diviser notre maison.

Donne-nous un cœur humble, prompt à pardonner et à demander pardon.

Guéris nos blessures et restaure ce que l'ennemi a tenté de briser.

Nous voulons avancer ensemble, main dans la main, selon ta volonté.

Amen.

c) Prière pour la protection du foyer

Seigneur,

Entoure notre maison de ta grâce et de ta protection.

Garde-nous fidèles l'un à l'autre et à toi.

Protège notre couple des tentations, des influences néfastes et des divisions.

Sois le centre de notre mariage, notre paix et notre refuge.

Nous te confions nos projets, nos enfants, notre avenir.

Amen.

3. Questions de réflexion ou d'étude pour chaque chapitre

A la fin de chaque chapitre, les lecteurs sont appelés se poser une série de questions pour approfondir la compréhension, favoriser l'introspection personnelle ou dialoguer à deux.

A titre indicatif :

Chapitre 1 : Le mariage dans la Bible

- Que signifie pour moi le fait que Dieu soit l'auteur du mariage ?
- En quoi mon mariage reflète-t-il (ou devrait-il refléter) l'alliance de Dieu avec son peuple ?
- Quelle place Dieu occupe-t-il concrètement dans notre vie conjugale ?

Chapitre 4 : Les responsabilités de l'époux et de l'épouse

- Est-ce que je connais clairement mes responsabilités selon la Parole de Dieu ?
- Est-ce que je m'efforce de les remplir avec amour et diligence ?
- Comment encourager mon conjoint dans ses propres responsabilités ?

Chapitre 9 : La sexualité selon la Bible

- Comment percevons-nous notre intimité sexuelle à la lumière de la Parole de Dieu ?
- Y a-t-il des domaines dans notre intimité que nous devons soumettre davantage à Dieu ?

- Notre communication sur ce sujet est-elle saine, respectueuse et édifiante ?

Chapitre 10 : Le choix du conjoint selon Dieu

- Ai-je compris les critères bibliques pour un bon choix de conjoint ?
- Suis-je prêt(e) à faire confiance à Dieu dans le processus de choix ?
- Quel conseil donnerais-je à un jeune chrétien qui cherche à se marier aujourd'hui ?

Table des matières

Achevé d'imprimer en RD Congo 2025®

Gospel Multi-services
G.M.S
e-mail : gospelmultiservices@gmail.com

Made in United States
Orlando, FL
05 November 2026

90229835R10136